THE
GOOD LIFE
→ ACCORDING TO ←
HEMINGWAY

海明威的十個關鍵詞

—— A. E. 哈奇納◎著　郭寶蓮◎譯 ——

→ A. E. HOTCHER ←

紀念我的好友，傑克·海明威（註）

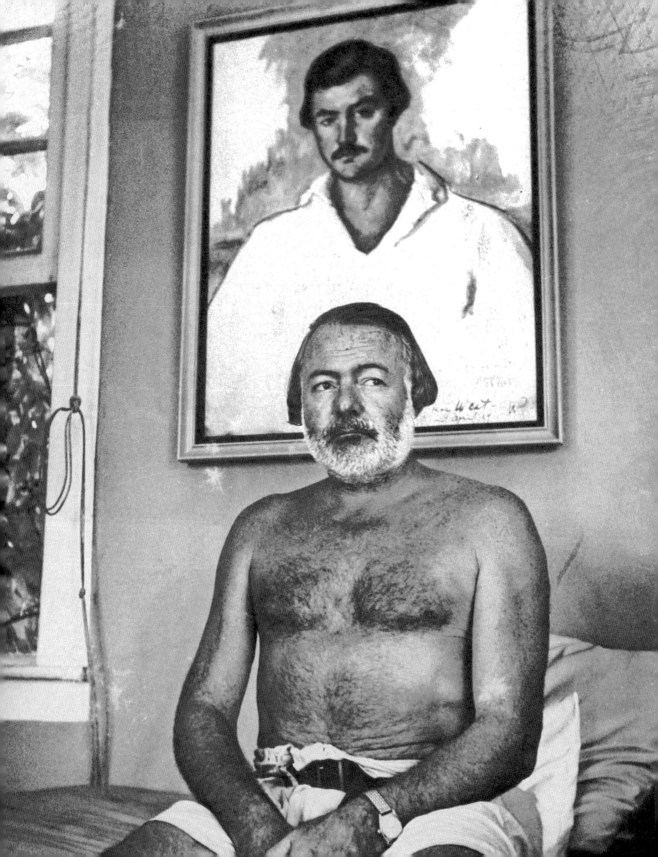

目錄

The Good Life according to

Hemingway

edited by A. E. Hotchner

他的熱情與矛盾
你不知道的海明威

A. E. 哈奇納

1948 年冬季，我初識海明威。當時鬻文維生的我受某雜誌之託，要找海明威寫一篇蠢文章。我之所以鬻文維生，是因為在空軍服役四年後，我決定拿著優渥的遣散費在巴黎退役。當時美金是強勢貨幣，拿美金在巴黎非常好過日子，況且我正和巴黎歌劇院一位年輕的抒情女高音談戀愛，她還提議我搬到她位於巴黎高級郊區納伊的住處同居。

這種快活日子唯一的問題是，當我在巴黎耽溺逸樂之際，原本屬於我的編輯職位很快被在美國退役的勤奮軍人給占走。我昔日軍中袍澤亞瑟·戈登（Arthur Gordon）在當時頗富盛名的《柯夢波丹》擔任編輯，那時《柯夢波丹》仍以文學為主，還未被後來的總編輯海倫·葛莉·布朗（Helen Gurley Brown）搞爛。我在巴黎快活過日子的兩年，亞瑟數次邀請我去該雜誌擔任編輯；不過，等我終於決定回美國，當時幾乎盤纏用盡，甚至僅搭得起「法蘭西島郵輪」的二等客艙，而這時亞瑟和其他編輯也無法提供任何職位給我這個美國前少校、後來卻在巴黎納伊地區耽溺墮落的哈奇納。

左頁－1956 年海明威與本書編者哈奇納在愛達荷州凱瓊鎮打獵。

想到自己走投無路，必須回聖路易市的法律事務所，繼續做「兵役委員會」還沒接受我的從軍申請把我解救出來之前的那份工作，我就憂心忡忡，幸好熱心的亞瑟見我可憐，幫我找了份差事：他給了我《柯夢波丹》仍屬文學性雜誌那輝煌的幾年當中，曾替該雜誌撰文的作家名單，要我找出這些人，設法請他們繼續供稿給雜誌社。這份名單的人物個個都是當代文壇巨擘，看得我甚感惶恐：女作家桃樂西·派克（Dorothy Parker, 1893-1967）、辛克萊·路易斯（Sinclair Lewis, 1885-1951）、約翰·史坦貝克（John Steinbeck, 1902-1968）、艾德娜·費爾柏（Edna Ferber, 1885-1968）、詹姆斯·桑伯（James Thurber, 1894-1961）、 賽珍珠（Pearl Buck, 1892-1973）、芬妮·赫斯特（Fannie Hurst, 1885-1968）、恩斯特·海明威（Ernest Hemingway, 1899-1961）、約翰·奧哈拉（John O'Hara, 1905-1970）、威廉·福克納（William Faulkner, 1897-1962）、羅伯特·班奇勒（Robert Benchley, 1889-1945）。除了實際開銷可報帳，酬勞是每邀請到一位作家可得到三百美金。這樣的報酬不算優渥，不過，我已別無選擇，要不將就點接受，要不，就是默默回聖路易市，加入我與泰勒（Taylor）、梅爾（Mayer）、雪夫林（Shifrin）和魏勒（Willer）合夥，但參與不到兩年後就壯烈退出的法律事務所。

　　一開始，光想到要和名單上這些赫赫有名的大作家聯絡，並且說服他們念在與雜誌的舊交情提筆賜稿，我就畏懼不前。然而，出乎意料，我發現這些在文壇占有一席之地的作家多半將作品寄給經紀人或所屬出版商，幾乎未曾被特定刊物邀過稿，因此，即使盛名如他們，發現自己受出版社青睞而直接邀稿，莫不格外榮幸，所以我的確成功獲得幾位文壇巨擘的首肯。譬如，需款

孔急（這點令人遺憾）的桃樂西‧派克答應替我寫一篇關於無聊猜字遊戲的短篇小說，後來我們甚至成為摯友多年，直到她過世。艾德娜‧費爾柏自從德國殘暴政權出現，就「冰凍」多年，經我邀請，她竟願意破冰重拾如椽大筆，替我撰寫一篇小說。如同桃樂西，她和我也維持多年聯繫。事實上，我們在她位於紐約市雪莉─荷蘭飯店的住處初次見面後數月，她就邀請我參加由她做東的晚宴，那次聚會令人難忘，重量級賓客包括：喬治‧考夫曼（George Kaufman, 1889-1961）、摩斯‧哈特（Moss Hart, 1904-1961）、亞歷山大‧伍考德（Alexander Woollcott, 1887-1943）、基蒂‧卡立斯雷（Kitty Carlisle, 1910-2007）、格魯喬‧馬克斯（Groucho Marx, 1890-1977）、瑪麗‧艾斯特（Mary Astor, 1906-1987）、海倫‧海絲（Helen Hayes, 1900-1993）和羅伯特‧班奇勒。在這份邀約作家名單中，只有約翰‧奧哈拉和威廉‧福克納斷然拒絕我。

　　名單中我毫無意願接觸的人是海明威。對我來說，他比其他作家更令人畏懼，不只因為他是文壇巨擘，更因為他是當代極富聲望的社會名流。他的「豐功偉業」，如狩獵野生動物、外海釣魚、參與鬥牛比賽等事蹟廣披於媒體，還經常被渲染誇大。走筆至此，我想起多年後我們在紐約著名的史托克俱樂部小酌，還沒被店東薛爾曼‧畢林斯禮（Sherman Billingsley）邀請到貴賓專屬的「犢室」前發生的一段軼事。吧台尾端有個酒醉男子離開他那群夥伴，跟蹌來到海明威面前，杯子高舉到敬酒位置，口齒不清地說：「你知道美國最重要的三個人是誰嗎？是艾森豪將軍、海明威，以及湯姆‧柯林斯（Tom Collins，雞尾酒）！」

　　自從我高中英文老師希爾姐‧列維（Hilda Levy）介紹我看尼克‧

亞當斯（Nick Adams）系列的海明威自傳體短篇小說後，我就對海明威景仰不已。我最喜歡的一篇故事是《拳擊手》（*The Battler*），沒想到二十年後我有機會替美國全國廣播公司的「一九五六年劇作家」節目將這故事改編成劇本。這齣劇不僅開啟我的劇作生涯，也奠定男主角保羅‧紐曼的演藝事業。我讀過海明威的所有著作，看過根據他著作改編的每一部電影。事實上，在戰爭期間，我就是在所屬的空軍反潛司令部第十三聯隊駐紮地的黎波里（Tripoli）的飛機棚，觀賞由賈利‧古柏和英格麗‧褒曼所主演的《戰地鐘聲》。

「你為什麼不跟海明威聯絡？」亞瑟想知道答案。「《柯夢波丹》在海明威的《雖有猶無》（*To Have and Have Not*）出版前曾幫他連載過這本小說，基本上我們的關係應該不錯。」

「可是，亞瑟，你是要我請他寫一篇談文學之未來的文章啊。我實在無法開口要偉大的海明威寫這種蠢東西，他會殺了我的。」

「這系列的撰稿人都大有來頭，包括法蘭克‧洛伊‧萊特（Frank Lloyd Wright）談建築的未來、尤金‧歐尼爾（Eugene O'Neill）談戲劇之未來、亨利‧福特二世談汽車之未來、喬治‧巴蘭欽（George Balanchine）談芭蕾之未來。你就別膽怯了，快把你那長滿雀斑的屁股移往古巴，否則你就等著回聖路易市，將鼻子埋在《美國法學釋義》（*Corpus Juris Secundum*）這種書裡吧。」

於是，1948 年我抵達古巴首都哈瓦那，很孬種地寫了一封短箋給海明威，告訴他我人就在當地，身負一樁難為情的任務：懇請他針對文學之未來賜稿一則，不知他能否撥冗回覆，就算拒絕也行，這樣我才能保住在《柯夢波丹》的卑微差事？我請投宿

的「國家飯店」幫我安排信差將短箋送給海明威。當時他住在哈瓦那郊區一個稱為「保羅之聖法蘭西斯科」（San Francisco de Paula）的小村落。

　　當天下午，我房間的電話響起，另一頭傳出熱情的聲音：「哈奇納先生嗎？我是海明威，我收到你的信了，不會讓你空手而回的。若被赫斯特出版集團撐出來，應該像被瘋瘋病院扔出來一樣丟臉吧。五點鐘左右要來和我喝一杯嗎？有間酒館叫『佛羅里達』，計程車司機都知道那裡。」

　　就這樣，直到他去世，我們開始了一段到處尋求刺激的十四年友誼，這段歷程就記錄在我的回憶錄《海明威老爹》（*Papa Hemingway*）中。而最近剛出版的《親愛的老爹、親愛的哈奇》（*Dear Papa, Dear Hotch*）則收錄了首次見面之後的早期書信往來。海明威後來的確賜稿給《柯夢波丹》，不過主題不是關於文學之未來，而是一則短篇故事，這故事後來發展成小說《渡河入林》（*Across the River and into the Trees*）。這時，亞瑟已替我在雜誌社弄了個正式職位，於是我就陪著海明威到巴黎和威尼斯查證小說草稿的該地文字描述。

　　後來亞瑟被《柯夢波丹》開除，空缺由赫柏特·梅耶斯（Herbert Mayes）填補。他是個可憎自私、毫無品味的傢伙，曾在《好管家》（*Good housekeeping*）雜誌擔任編輯。他上任沒多久，我就離開《柯夢波丹》，成為工作不穩定的自由撰稿人，此後未曾再風光受聘於任何企業。自由撰稿的工作雖不穩，卻可以讓我為所欲為，去任何想去的地方，所以我經常與海明威出遊冒險。我們在巴黎的奧代伊爾區參加秋季的越野障礙賽馬，當地聖誕節的熱鬧氣氛使

得這次出遊出奇地盡興。我們也去古巴首府哈瓦納外海的莫洛碉堡附近海域捕馬林魚；還去西班牙的潘普隆納參加奔牛節，親眼目睹兩大鬥牛勇士歐東內茲和多明昆捉對廝殺。另外，我們在美國愛達荷州的凱瓊鎮獵雉雞與綠頭鴨，在紐約參加拳擊賽，在洋基球場看職棒世界大賽。我們也經常聚首，討論由我將他的小說和短篇故事改編成劇本的相關事宜，譬如那週在他佛州西礁島住處的聚會即是為此目的。

我們所到之處，他和我、其他友人，甚至和沿途陌生人之間的對話，他對自己和別人行為、動物和魚鳥，以及周遭世界的觀察，精闢深刻，常讓我不由自主地想加以記錄。於是隨手可得的旅館信紙、紙巾、菜單、記事本、洗衣單的背面，都有我對他話語的紀錄。海明威非常健談，機智風趣，辯才無礙，自有主見，對人過目不忘，還能精確記得童年往事。

這些機智、風趣、犀利、冷靜、深具哲學性與啟發性的觀察和反思，部分收錄在《海明威老爹》一書中，不過第一次初稿修潤時，我刪除了一百多頁篇幅，所以許多他的觀察和反思在付梓的書裡無法見到。而現在我就是要把出版過以及未曾付梓的遺珠之憾，連同我收藏在抽屜底層那堆紙條的內容整理起來，另外集結成書。

這本書裡的許多話語都是海明威在旅行沿途與他人的交談。這些人包括在凱瓊鎮遇到男星賈利·古柏，在西班牙小鎮丘里亞納與英國詩人羅伯特·格雷夫斯（Robert Graves）巧遇，在西班牙的馬拉加遇見美國女星洛琳·白考兒（Lauren Bacall），在紐約和出版商史基伯納（Charles Scribner Jr.）相談，在巴黎得見旅館業鉅子查

爾斯‧麗池（Charles Ritz），在威尼斯遇見年輕義大利女貴族阿德里雅娜‧衣凡西雀（Adriana Ivancich），在紐約和女星瑪琳‧黛德麗（Marlene Dietrich）相見，在米蘭遇見英格麗‧褒曼，在威尼斯的哈利酒吧與老闆西普利安尼（Giuseppe Cipriani）相見歡，在巴黎和威尼斯與琦琦‧維泰爾（Gigi Viertel）不期而遇，在西班牙巧遇遊遍西班牙的爵士樂手比爾‧戴維斯與夫人安妮，在紐約遇見傳奇餐飲人物土茲‧秀爾（Toots Shor），在西班牙小鎮丘里亞納與巴克‧藍漢姆將軍（General Buck Lanham）和印度寇屈貝哈（Cooch Behar）大君相見，在愛達荷州的海利鎮偶遇高中同學，在馬德里見到作家喬治‧普林波頓（George Plimpton），在西班牙潘普隆納得見紐約社交名媛「苗條的海沃德」（Slim Hayward）、也就是後來的凱斯夫人（Lady Keith），在內華達州遇見著名藝術家沃爾多‧皮耳士（Waldo Peirce），在西班牙舊王室所在地埃斯科里爾遇見女星艾娃‧嘉娜（Ava Gardner），在威尼斯遇見費德瑞科‧凱雀勒伯爵（Count Federico Kechler）。

　　就我所知，這些交談片段未曾出現在海明威出版的任何著作中；不過他這人說話經常重複，晚年更是如此，所以或許有些對話與他書中寫過的內容類似。

　　本書中各式各樣的語錄所交織出來的海明威，呈現出他過世後出版的各種傳記所沒有的面貌。他對其所處世界的喜怒哀樂，對不義與榮光的親身觀察所流露的易變、深刻、矛盾、熱情、詆毀與易感性格，是這些身後傳記無法捕捉到的。

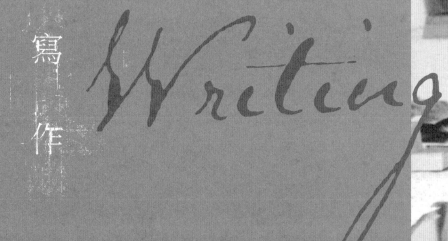

寫作 *Writing*

對有能力也渴望寫作的人來說，
他人的批評無損於其優異作品，
但也挽救不了其拙劣之作。

開始我沒能從寫作中賺取分文，我只是竭盡所能寫出好
東西。或許編輯起初不中意，但總有一天他們會看上我
的作品。我真的不在乎批評。年輕最棒的是你尚未受矚目，不
必應付各種評論責難，可以盡情沉浸在寫作的時光裡。這時的
你覺得寫作輕而易舉，能帶來無比暢快，而且，你不會想到那
些沒能從你作品中獲得樂趣的讀者。然而，當你開始成熟，開
始為讀者而寫，寫作就會變得更加困難。這時若回頭去看自己
寫出來的東西，只覺得寫來步步艱辛。當時我住在巴黎蒙馬特
一間鋸木廠的樓上，家徒四壁，而門上郵孔每天會塞入遭退回
的稿件。這些稿件從郵孔咚地掉落木地板，上面還夾著最殘酷
的譴責：退稿通知函。餓著肚子，還得承受退稿通知所帶來的
打擊，這痛苦實在難以承受。好幾次我坐在老木桌前，看著冷
冰冰的退稿通知函以及底下那些我深愛不已、嘔心瀝血的作品，
不由得掉下淚來。打擊過大，我還是會哭的。

新手開始寫作，會從自己的作品獲得極大樂趣，但讀者什
麼也沒得到。一陣子後，作者得到一些樂趣，讀者也得到一些。
最後，作者若成為一個好作家，就無法得到任何樂趣，樂趣全
歸讀者享盡。

關於寫作，我知道有兩個不容置疑的絕對真理：若做愛時
腦袋裡全是正在進行的小說，那麼就會有個風險 —— 把小說最
精采的部分留在床上。另一個真理是，作家的完整性就像女人
的貞操，一旦失去就永遠恢復不了。

小說是從你的既有知識加以創作出來的。若創作成功，那
麼創作出來的小說遠比你記得的知識更加真實。

Writing

我在《堪城星報》的第一份工作不是報導某某教授的最新出版研究報告，而是在當地的小酒館尋找普羅勞工以挖掘新聞。我會把他抓去洗土耳其浴，讓他清醒，然後帶他到打字機前。所以若有教授真想知道我在《堪城星報》學到什麼，我學到的就是這個：如何讓酒鬼清醒。

我就是在這裡（佛州西礁島）的樓上寫出《雪山盟》（*The Snows of Kilimanjaro*）。對我來說，能落腳在這樣的地方已經夠好了。寶琳和我剛從非洲回來，抵達紐約時，報販問我，接下來有何計畫。我說，要努力工作賺足夠的錢再回非洲，結果這句話被登在報紙上。有位女士看到報紙，跟我聯絡，要我跟她喝一杯。這位優雅的社交名媛財力雄厚，還該死的真迷人！我們喝著馬丁尼，聊得非常愉快。她說，若我這麼想回非洲，何苦為了錢而延宕行程，她很樂意陪我和我太太一同前往，幫我們負擔所有費用。我非常喜歡她，也很感激她的提議，不過我還是拒絕。我們南下回西礁島之前，我不斷想起她和她的提議，也思忖著若我當時答應了，後果會如何。我了解自己的軟弱，也探索過自己的內心狀態，真難以想像如此提議對我這種人會造成什麼樣的影響。我從未像《雪山盟》故事這般赤裸裸地描寫過自己。我把這小說裡垂死的主角書寫得栩栩如生，運筆收發自如，因為我不只一次跟死神拔河，所以可以真實地寫出內在感受。

就寫作而言，「海明威的影響」

不過是對目前公共領域用語做了一定程度的釐清。（一九四七年海明威答《時代雜誌》語）

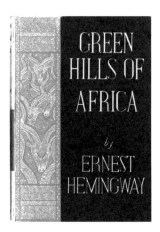

Writing

我餓著肚子去盧森堡美術館觀賞保羅·塞尚的畫作多達上千次，而我的園藝造景技術就是從他的畫作中習得的。我很確定若他在世，一定會喜歡我對他作品的文字描述，也會高興我能從他身上學到東西。

　　還沒賣過任何一張股票，未曾有這種需要。只要給我一張椅子和紙筆，我就能熬過任何蕭條期。

左頁 – 海明威作品的初版封面書影，左為1935年的《非洲青山》，《戰地鐘聲》是1940年，兩本書皆由史基伯納出版社出版。

右頁 – 海明威位於佛羅里達州西礁島的住所與泳池，1955年。

最大的謊言比真相更可信。寫小說的人若沒提筆撰寫小說，很可能會變成厲害的說謊者。隨著他們愈來愈遠離原本參與的戰爭，所有人傾向把世界想像成他們希望的樣子，而非真實的模樣。

書一完成，作者即死，但沒人知道你已死。他們只會見到伴隨寫作巨大責任之後而來的不負責任。

你會談論的書，就是你不會去寫的書。

Writing

測試一本書好不好，端看你能拋棄多少好東西。

寫書時我會試著每天提筆，但週日除外。我不在週日工作，因為總覺得這天工作會厄運臨頭。偶爾週日工作，當天運氣果然很背。

別把認真的作家與嚴肅的作家相混淆。認真的作家可能是鷹、鷲，甚至是鸚鵡，而嚴肅的作家一定是殘忍的貓頭鷹。

我喜歡站著寫作，以減少長年的腹部贅肉，而且站立讓我更有活力。有誰能成天坐著打上十回合的拳擊？若是情節敘述我會動手書寫，因為對我來說這最有挑戰性，況且手寫可以更貼近紙張；不過若處理人物對話我就用打字機，畢竟人說話的方式就跟打字機打字時一樣。

左頁– 攝於 1953 年非洲狩獵之行。

右頁– 海明威作品的初版封面書影，左邊是 1937 年的《雖有猶無》，右邊是 1926 年的《春潮》，兩本書皆由史基伯納出版社出版。

這朦朧的光線好美。

竇加先生一定畫得出來，

他在畫布上所呈現的光線一定會比我們肉眼所見更真實。

藝術家應當如是。

透過畫布或印刷紙張，如實地捕捉到所見事物，

使該事物帶給人的悸動能擴大持續下去。

這就是新聞與文學的差異。

世上堪稱文學者寥寥無幾，遠比我們認知的更少。

Writing

我只讓自己記得我會記得的事,所以從未寫過札記或日記。反正按下回憶按鈕,若它在那兒自然想得起來,若不在,就代表不值得牢記。

小說家筆下的國家是他所知道的國家,而他所知道的國家是存在於他心裡的。

我是那種可以將草稿紙直接丟棄的作家,毋須先將紙張揉成一團。

Writing

在美國招牌廣告如百花齊放的年代裡，

我一直覺得有兩句廣告詞精采無比。

一句是克雷莫雪茄的廣告：

「口水是個噁心的字眼，而最噁的莫如雪茄尾端的口水。」

另一句是啤酒廣告：

「喝了褐瓶的施麗茲啤酒，你不會嘗到臭鼬味。」

如此有創意的寫作，無出其右。

我喜歡一大早就提筆寫作，趁著還沒因其他人事物而分心前專心書寫。我會先重新閱讀並修潤之前寫過的東西，全部讀一遍直到上次停筆處，這種方式讓我可以把自己寫的書讀過好幾百遍。重讀修潤完畢就能直接下筆，不會因寫得不順而發脾氣、將稿紙揉成一團，或者踱來踱去。我每次停筆時都很清楚接下來要寫的東西，所以每天工作前不需要重新上油啟動。多數作家會摒棄寫作過程中最艱難但最重要的部分：一次次反覆修改潤飾，直到其作品能像鬥牛士的致命銳劍，光滑鋒利。有一次，我兒子派翠克拿了篇故事給我，要我幫他修改，我仔細看了後改掉一個字。「爸，」小鼠仔說：「你怎麼只改了一個字？」我說：「如果改對了字，就有天壤之別。」

　　沒有所謂的當代主題。亙古以來寫作的主題不外乎：愛情；缺乏愛情；死亡；死亡的暫時逃避（此即我們所說的生命）；靈魂、金錢、榮譽和政治的不朽或欠缺不朽。

　　沒有朋友如書籍般忠實。

前頁- 與愛貓「瘋狂基
　　督徒」在古巴家
　　中的書桌前。

左頁- 攝於愛達荷州凱
　　瓊鎮，手中是一
　　隻受傷的貓頭鷹。

我在「非洲號」蒸汽船上花很多時間閱讀，並重讀了《頑童歷險記》（*Huckleberry Finn*）。我經常逢人就說，《頑童歷險記》是有史以來最棒的美國小說，現在我仍這麼認為。不過隔了很長一段時間沒讀，這次重讀卻發現至少有四十個段落我很想重修；而且有許多我記得的精采內容，到頭來卻發現好像是我自己加上去的。

很多人邀請我寫拳擊的故事，不過我的寫作習慣是，若一開始就獲得我要的靈感，我通常會設法一次只寫一個故事。想寫的東西太多，而我知道時鐘走的速度遠快於我的下筆速度。

要寫與生命有關的東西，你先得活出生命！

左頁- 海明威和兒子派翠克。

右頁- 海明威喜歡在臥房站著寫作。

Writing

你是根據已知、已學的事物來創作，將之書寫出來成為一部小說，就像對著自己或孩子說故事。

我從文評家身上什麼都沒學到。在備受負面譏評的這本書（《渡河入林》），我走入微積分的方向中。從簡單的數學開始，接著是幾何學，然後是代數，下次就會是三角。若他們不懂我在寫什麼，管他們去死。

我恨戲劇。你曾閉眼聽戲劇裡的對話嗎？

許多人以為寫作可以讓人輕易致富成名。彷彿只要懂得聆聽別人故事，全力推銷自己作品，以神職人員對上帝虔誠獻身的精神來投入自己的著作，加上膽大如盜匪，眼裡只有寫作無其他善惡觀念，如此一來就能成為名利雙收的文人。許多人以為寫作就是這麼簡單，從未好好深思過。很多人有寫作的衝動，這點不容置喙。對他們來說，寫作可以帶來快樂，也應該可以調劑生活。不過我會這麼建議：最好別讓自己變得非寫不可，因為一旦嘗試下去，就要開始受苦，到頭來會跟那些非建築師不當、非低音管不吹的人一樣，只有孤單寂寞相伴。

下圖－盧森堡美術館。

古今作家所面臨的問題不會變，

這問題就是要如何精準如實地寫作，

找出該忠實呈現的東西，

好讓這些東西能成為讀者的部分經驗。

寫作毫無律則可言。有時信手捻來就能斐然成章，有時就像鑽鑿岩石，最後得靠炸藥才能把裡面的東西炸出來。

　　膽怯，不同於驚慌。膽怯多半是因為缺乏讓想像力暫停運作的能力。

　　有些競賽或活動非常棒，作家親臨參與，會覺得其責任是忠實地加以記錄，而非自以為是地透過創作將它們改貌。

　　受過極大懲罰的人才能寫出真正會讓人哈哈一笑的作品。

　　只要有一次能做到讓人記住你，這樣的人生就值回票價。若每年都能這麼做一回，日積月累就會有許多人記得你，而他們會告訴他們的孩子，代代流傳，他們的孩子和孫子也會記得你。若讓人記住你的方式是書本，那麼他們就會閱讀這些書。若你的書夠好，只要世上還有人類，它們就能一直流傳下去。

你要知道，許多寫文評的人學術味很重，他們還會認為你若在作品裡開玩笑、戲謔逗樂、裝瘋賣傻，就代表你毫不足取。若上主被釘在十字架，我絕不會開祂玩笑；不過我若撞見祂將那些以兌換銀錢之名而行放高利貸之實的人逐出耶路撒冷會堂，或許就會開祂的玩笑。

只要我內心踏實地知道自己能夠寫，那麼不管一天沒寫，或者一年、十年沒寫，都無所謂。不過若哪天沒了這種自信或者開始疑惑，那麼一切就結束了。

Writing

THE NEW NOVEL BY HEMINGWAY

"For Whom the Bell Tolls" Is the Best Book He Has Written

FOR WHOM THE BELL TOLLS. By Ernest Hemingway. 471 pp. New York: Charles Scribner's Sons. $2.75.

By J. DONALD ADAMS

THIS is the best book Ernest Hemingway has written, the fullest, the deepest, the truest. It will, I think, be one of the major novels in American literature.

There were those of us who felt, when "To Have and Have Not" was published, that Hemingway was through as a creative writer. That is always a dangerous assumption to make regarding any writer of much innate ability, but it did seem that Hemingway was blocked off from further development. We were badly mistaken. Technical skill he had long ago acquired; the doubt lay in where and how he could apply it, and that doubt he has now sweepingly erased. The skill is even further sharpened than it was, but with it has come an inner growth, a deeper and surer feeling for life, than he has previously displayed. Whatever brought about this growth—whether his experience of the Spanish war, out of which this novel was made, or something else, it is plainly to be seen in this book, from beginning to end. There are no traces of adolescence in the Hemingway of "For Whom the Bell Tolls." This is the work of a mature artist, of a mature mind.

The title derives from John Donne. The passage from which it comes faces the book's first page:

No man is an Iland, intire of it selfe; every man is a peece of the Continent, a part of the maine; if a Clod bee washed away by the Sea, Europe is the lesse, as well as if a Promontorie were, as well as if a Mannor of thy friends or of thine owne were; any mans death diminishes me, because I am involved in Mankinde; And therefore never send to know for whom the bell tolls; it tolls for thee.

It is a fine title, and an apt one, for this is a book filled with the imminence of death, and the manner of man's meeting it. That is as it should be; this is a story of the Spanish war. But in it Hemingway has struck universal chords, and he has struck them vibrantly. Perhaps it conveys something of the measure of "For Whom the Bell Tolls" to say that with that theme, it is not a depressing but an uplifting book. It has the purging quality that lies in the presenting of tragic but profound truth. Hemingway has freed himself from the negation that held him in his other novels. As Robert Jordan lay facing death he looked down the hill slope and thought: "I have fought for what I believed in for a year now. If we win here we will win everywhere. The world is a fine place and worth the fighting

to prevent the bringing up of enemy reinforcements. His mission carried him into hill country where he must seek the aid of guerrilla bands. Jordan destroys the bridge, but while he is escaping with his companions his horse is knocked from under him by an exploding shell, and we leave him lying on the hillside, his leg crushed by the animal's fall. He sends his companions on and waits, with a submachine gun beside him, for the enemy's approach.

Those who leave him are, with Jordan,

for and I hate very much to leave it."

The frame of the story is a minor incident in the horror that was the war in Spain. Robert Jordan is a young American in the Loyalist ranks who has been detailed to the blowing up of a bridge which the General Staff wants destroyed

the main figures in the story. Among them is the girl Maria, whom Jordan, in the four-day span of the story's action, has met and loved. And as "For Whom the Bell Tolls" is a better story of action than "A Farewell to Arms," so too is this a finer love story than that of Lieutenant

Henry and Catherine Barkley. That is saying a good deal, but it is true. I know of no love scenes in American fiction and few in any other to compare with those of "For Whom the Bell Tolls" in depth and sincerity of feeling. They are unerringly right, and as much beyond those of "A Farewell to Arms" as the latter were beyond the casual couplings of "The Sun Also Rises."

The book holds, I think, the best character drawing that Hemingway has done. Robert Jordan is a fine portrait of a fighting idealist, and the Spanish figures are superbly done, in particular the woman Pilar, who should take her place among the memorable women of fiction—earthy and strong, tender, hard, wise, a woman who, as she said of herself, would have been a good man, and yet was a woman made for men. The brutal, unstable Pablo, in whom strength and evil were combined, the good and brave old man Anselmo—these and others are warmly living in this heroic story.

I wrote once that Ernest Hemingway can see and describe with a precision and a vividness unmatched, since Kipling first displayed his great visual gift. There are scenes in this book finer than any he has done. The telling of how the Civil Guard was shot in Pablo's town and how the fascists were beaten to death between rows of men armed with flails and hurled over a cliff into the river 300 feet below, how the fascists walked out one by one from their prayers in the City Hall and severally met their deaths, has the thrust and power of one of the more terrible of Goya's pictures.

In all that goes to make a good novel "For Whom the Bell Tolls" is an advance beyond Hemingway's previous books. It is much more full-bodied in its drawing of character, visually more brilliant, and incomparably richer in content. Hemingway's style, too, has changed for the better. It was extraordinarily effective at times before, but it is shed now of the artificialities that clung to it. There is nothing obtrusive about the manner in which this book is written; the style is a part of the whole; there is no artifice to halt the eye. It has simplicity and power, delicacy and strength.

This is Hemingway's longest novel, and it could be, I think, as most books can, a little shorter, and with benefit. It seems to me that some of the long passages in which Robert Jordan's mind turns back to his days in Madrid retard the narrative unnecessarily and could well have been omitted. If there are other flaws in this fine performance, I have not yet found them. A very good novel it unquestionably is, and I am not at all sure that it may not prove to be a great one. That is not something to determine on a first reading. But this much more is certain: that Hemingway is now a writer of real stature, not merely a writer of abundant talents whose work does not measure up to his equipment. "For Whom the Bell Tolls" is the book of a man who knows what life is about, and who can convey his knowledge. Hemingway has found bigger game than the kudu and the lion. The hunter is home from the hill.

Ernest Hemingway.

終其一生，我每見文字，
就覺得彷彿與它初識。

左頁 - 海明威在古巴家
中的白塔書房，
1952 年。

右頁 - 《紐約時報》頭版
的海明威專訪。

33

我這輩子一直努力訓練聽力，希望能精確記住所聽所聞，結果我發現有人發明錄音機，讓我這番苦心訓練變得毫無用武之地，讓我成為可憐可悲的蠢蛋。

做事不投入所好，當然會傷痕累累，不過這就是不願服從所必須付出的代價。想要具原創性，就要冒著被羞辱的風險，而羞辱正是另一種形式的挫敗。高中時我以對話方式來寫作文，結果得了個丁，不是因為對話寫得拙劣，而是因為從未有人以這種方式來寫作。「作文呢，」老師說：「應該是合適的句子，而不是對話。」也就是說，形式勝於內容。當我從家裡開始出發，我的人生成績單不怎麼理想，不過，後來漸入佳境。我愈說服他們讓我走自己的路，就愈發現我的人生道路和作品自有其價值。

我需要好好休息，保持健康，這樣才能在最佳狀態下工作。我的健康是我的最大資產，我希望能明智善用它。

長久以來，我想盡力寫出好作品。有時我就是走運，寫出來的東西優於我能力所及。

寫作與旅行若沒擴展你的心靈，就會擴增你的臀圍，所以我喜歡站著寫作。

我的目標是將我眼見和感覺的事物，以最簡單但最好的方式書寫於紙頁。

賽馬新聞是真正的虛構藝術。

右頁－ 海明威於西班牙舊皇宮所在地埃斯科里爾（El Escorial），這裡是小說《戰地鐘聲》的故事場景。

Writing

若你打算當作家，
遲早會把所有你經歷的人事物拿來寫。
去過的地方、欺騙你的人、氣候、
跟你上過床的女人、你的成功或失敗，
以及你誤以為世界為你而造、能如你所願的那些可笑片刻。

沉淪已變成一個難以使用的詞，因為文評家把他們不懂或者與其道德觀迥異的任何事物都冠上「沉淪」一詞，導致這個字詞不僅遭濫用，而且背負許多意涵。

天曉得那些大放厥辭又能獲得報酬的人，譬如專業文評家，讓我有多厭惡。他們可說是文學界的應召太監，甚至連妓女都稱不上。個個一副道德仁義、淤泥不染、滿口道理、驕傲自負的模樣，但事實上他們就跟那些隨軍營遷徙而跟著移動的妓女沒兩樣。

優秀作家所具備的最重要天賦，就是不怕驚嚇、能夠偵測出屎爛作品的能力。這是作家的雷達，所有偉大的作家都具備這種能力。

第二次世界大戰期間唯一的精采小說，或許堪稱為偉大小說的，就是約翰‧霍爾恩‧波恩茲（John Horne Burns）的《購物商城》（*The Gallery*）。我說這部小說「或許偉大」是因為誰能確定啊？畢竟「偉大」是有史以來最長的馬拉松，角逐者眾，存活者寡。

身為凡人，你會不斷重複自己的話；但身為作家，可別這麼做。

作家必須以神職人員對上帝虔誠獻身的精神，
全然投入自己的著作。

Writing

有天下午，

「黑狗」晃進我們在太陽谷的滑雪小屋，

牠又冷又餓，眼神驚恐，流露出身為次等狗的自卑情結。
看來這隻史賓格獵犬被槍聲嚇呆了。

我帶牠回古巴，耐心疼愛牠，
慢慢地牠體重增加，也恢復了信心，
甚至自信到以為自己是個成功的作家。

照理說牠一天需要十小時的睡眠，
但牠總是睡眠不足，把自己搞得疲憊不堪，
因為牠忠心耿耿地堅持依照我的時間來作息。

我寫書告一段落休息時牠會很高興，
我一開始工作牠就不開心。

雖然這小鬼喜歡睡覺，
不過牠認為第一道曙光乍現牠就必須起床跟在我身邊。
牠會忠心地整天睜大眼睛陪著我，雖然牠不喜歡這麼做。

Writing

海明威與第四任妻子瑪麗和黑狗攝於古巴的瞭望田莊，1948 年。

戰爭 *War*

德國人殺死我們許多優秀的年輕人，

不過我們國家最了不起的地方

在於每一分鐘都有好青年誕生。

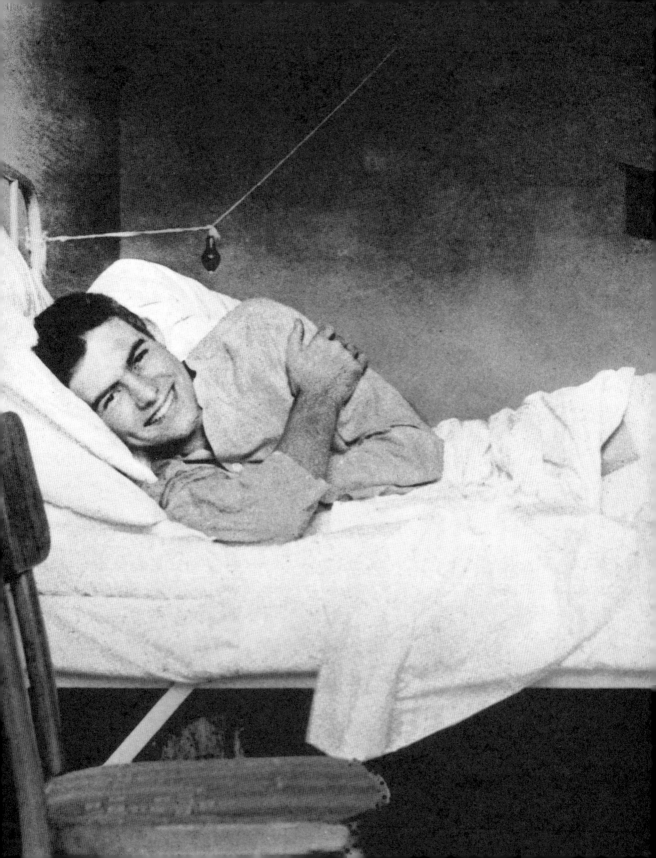

不管戰爭多麼非打不可，

打得多麼有道理，

絕對別因此認為戰爭不是罪孽。

我以前會在病床邊放個碗，裡面裝滿從我腿上取出的砲彈碎片，讓訪客離開前取一塊當作幸運紀念物。總計兩百二十七片，從右腿取出，我一片片數過。一名躲在戰壕的奧地利砲手發射迫擊砲擊中我，他們在迫擊砲裡裝入你能想見的各種天殺的金屬物品，螺帽、螺栓、螺絲釘、鐵釘、尖鐵、小鐵片等，這種迫擊砲一發射，處於射程之內的你絕對會體無完膚。跟我在一起的三個義大利人腿被炸掉，我算幸運，雖然膝蓋骨裂開，腿裡也嵌滿金屬片，不過至少膝蓋骨還黏在腿上，只是我費了好大一番工夫才讓他們沒鋸掉我的腿。他們三次明令褒揚我，還頒發給我戰績十字勳章和英勇銀勳章。我將這些勳章連同砲彈碎鐵片丟進大碗裡。

對作家來說，戰爭所造成的內心創傷，非常緩慢才能復原。

軍隊裡有句陳腔濫調：寧可雙腿健在而死，也別活著以膝蓋走路。不過在戰地裡若想存活，趴到地上的速度就得夠迅速。

前頁 – 第一次世界大戰期間，海明威腿部受重傷，躺在米蘭醫院的病床上。

右頁 – 第一次世界大戰期間，這名義大利士兵後來受了重傷。

War

我認為那些大發戰爭財以及挑起戰火的人，
應該在戰爭第一天就被處決，
由即將為國上戰場的忠誠公民代表來執行。

War

到了開打的那一刻，不論在酒吧或戰場，你就是要朝對手狠狠擊出第一拳。但日本人看準我們是了不起的高貴民族，利用我們的高尚精神，一邊派人跟我們談，一邊卻準備發動攻擊。

和非正規軍並肩作戰，沒有紀律可言，只能做榜樣示範給他們看。只要他們信任你，他們就會好好打，若他們夠善良的話。一旦他們不信任你，或者無法相信要完成的使命，他們就會瞬間消失無蹤。

左頁 – 攝於米蘭的聖西路（San Siro）賽馬場，海明威右側是他當時的情人艾格妮絲·范柯洛斯基（Agnes Von Kurowsky）。

右頁 – 拄著拐杖的海明威，在米蘭的紅十字醫院逐漸康復。

戰爭毀了我的睡眠，也毀了我該死的薄薄眼皮。

戰爭期間，我隨身攜帶的幸運物是兒子邦比送給我的一塊紅色石頭。有天早晨在英格蘭，我正準備隨英國皇家空軍出任務。旅館的清潔婦幫我從洗衣部取回褲子，我拿起褲子才發現放在口袋裡的那顆幸運石被洗衣部丟掉了。這時，空軍的車子已在樓下等著載我前往空軍基地，一想到即將赴德國出任務而身上沒有幸運石，我就慌得滿頭大汗。我告訴清潔婦：「給我一個東西當幸運物，任何東西都行，妳對著它祈求，保佑我平安，它就能真的保護我。」她的制服口袋裡沒任何東西，於是她拿起我昨晚喝的瑪姆香檳的軟木瓶塞，將它當成幸運物送給我。還好有這個幸運物，因為那次出任務的所有飛機都傷痕累累，只有我們的飛機平安無事。

絕不要把移動誤認為行動。

War

和美國內戰時期的格蘭特將軍相比，我被當成攻擊目標的時間比他多兩年。

西班牙共和政府的莫德思托將軍（General Modesto）愛上我第三任妻子瑪莎，還當著我的面三次挑逗勾引她，於是我找他單挑。我對他說，好，將軍，我們就把事情攤開來解決吧。我們在自己嘴裡塞入手帕，準備打到其中一人倒下為止。我們拿出手帕掏出槍，這時有個同袍進來，勸我算了。他說我們軍隊手頭拮据，可沒錢幫我蓋紀念碑，而西班牙的將軍可是一死就自動有人立碑紀念。

左頁 - 瑪莎·葛爾宏（Martha Gellhorn），海明威的第三任妻子，正在愛達荷州凱瓊鎮獵雉雞。

右頁 - 休養期間海明威在米蘭觀光。海明威與巴克·藍漢姆將軍（General Buck Lanham）攝於二次大戰。

一發生戰爭,只有一件事要做：贏得勝利。

因為戰敗的後果會比戰爭所發生的任何事更悲慘。

為什麼好人和英勇之士非得比其他人先戰死不可？

在現代戰爭中,你跟狗沒兩樣,都死得輕於鴻毛。

勇氣是壓力下所產生的美德。

War

運　動

Sport

深海釣魚時，要觀察船隻的晃動。
若你聽得見船隻震動的聲音，
那麼魚也聽得見，
如此一來牠們就不會上鉤。
這是深海釣魚的唯一祕訣。

說到運動，我是個二流的球類運動員、尚可的足球員、彆腳的網球員、拙劣的大提琴手和低音銅管手。我真正下過苦工學習的是拳擊，而且在這方面還算有天分。任何與拳擊或格鬥有關的事物我都有興趣，即使貧窮潦倒，我也希望能親自撰寫這方面的題材。現在藝文界存在的一種傾向讓我頗感遺憾：文人應該要具備他知道的所有事情，要親自去體驗那些由既不懂也沒親身經歷過的人所寫的一些東西。說到釣魚和打獵更是如此，而這正是我真正擅長的兩種活動。這類活動無法在公開場合或體育館舉行，所以箇中好手就算說真話，也幾乎不可避免地被人懷疑胡謅吹噓。

前頁－ 五歲的海明威已經是個很厲害的小釣手，此照片攝於密西根湖北側。

左頁－ 橡園中學（Oak Park High School）足球隊合影，第二排最右側即是海明威。

Sports

次頁－海明威1927年攝於瑞士格斯達（Gstaad）。1926年與同伴在奧地利阿爾卑斯山的小鎮施倫斯（Schruns）滑雪。

狩獵大型動物更是專業騙子的活動領域，甚至還有雜誌專門報導狩獵人士那些啟人疑竇的輝煌事蹟。若有人真的做了什麼值得誇口的事，反倒要閉上嘴巴，若想書寫下來，也只要寫給知音人看就好。現在還真正稱得上運動的只有賽車、鬥牛和登山……其他都算遊戲。

有些教授在他們那些看似淵博的薄薄書冊裡描述我的童年很不快樂，並據此推論我的文學動力來自於此。天哪，就我記憶所及，我沒有一天不快樂的！我的確踢不好美式足球，但這會因此讓小男孩的童年變得不快樂嗎？教練查普克把我放在中鋒位置，但那時我不懂數字的意思，因為我沒念三年級，也因此搞不懂比賽怎麼進行。我通常都看隊友臉色，猜想現在誰正等著接球。後來，他們把我放在護鋒位置，開始取笑我「笨烏龜」。我想去後衛區，但他們比我更懂怎麼扮演後衛角色。隊裡有個人每天等在置物室裡揍我，一揍揍了兩年。後來我長得比他高大，換我痛扁他，他才沒再欺凌我。

拳擊場裡最令人失望的事情是：
原本很有希望的選手卻無法保持優異表現。
這時不用問他是否利用自己的名氣大吃大喝，
或者訓練過度把自己搞得疲憊遲鈍，
而要問他是否前一晚在床上太過銷魂。

現在滑雪有纜車等各種設備，
簡直就像輪式溜冰那麼輕鬆。

現代人腿沒力，因為他們都不再爬上山頂，
結果因應滑雪而生的最佳行業就是 X 光和石膏繃帶。

批評鬥雞活動過於殘忍的人，請容我一問：

不然閣下認為那些鬥雞喜歡做什麼事？

Sports

左頁 - 海明威在瞭望田莊
      訓練他的鬥雞。

右頁 - 跟玲玲兄弟馬戲團
      的馬合影,攝於
      古巴。

你可以從馬的眼睛、鼻孔和深色汗水

看出牠是否穩定。

若跟厲害的左拳手對打,你遲早會被他痛扁。他會從你看不到的左側攻擊,像塊磚頭狠狠砸向你。就目前來看,最厲害的左拳手是生命本身,雖然許多人說是曾拿過三次世界拳擊冠軍的美國拳擊手傑克·布里頓(Jack Britton)。傑克隨時保持警覺,不斷移動,從未讓別人有機會一拳扎實打中他。他曾跟強勁對手班尼·里奧納多(Benny Leonard)對打,有人問他,他是如何輕易擊敗班尼。傑克回答:好,我告訴你,傑克是絕頂聰明的拳擊手,在打拳的過程中他會不斷思索,而我每次就是趁他思考的時候,一拳打中他。

我同意拳擊手山姆‧藍福特（Sam Langford）的話：

拳擊手可以靠流汗將暴飲暴食的傷害給流掉，但沒人可以流掉女人所造成的影響。

拳擊手因女人而腿軟，球類選手因動作急停而軟腿。

我最喜歡的事情之一就是在鳥兒啁啾聲中早起，敞開窗戶，聽著馬兒輕躍的聲音。我年輕在巴黎時，是唯一能進阿謝爾（Achères）私人賽馬訓練場的外人，也就是在那裡我認識艾賓納這匹馬。裡面有個訓練師派翠克是美國僑民，我們是在義大利從軍時的舊識。派翠克告訴我，金尼‧李有匹小馬很有潛力成為世紀之馬，當時他就是這麼說的：「世紀之馬」。他叫著我的小名說：「歐尼，聽我的準沒錯，去求、去借，甚至去偷，設法弄到錢，搶先押在這匹兩歲的小馬上。錯過這次，你就沒機會了。一定要搶先機，趁著別人還不知道這匹馬的潛力之前，將賭注押在牠身上。」

那時我窮困潦倒，甚至連給兒子邦比買奶粉的錢都沒有，不過還是決定聽從派翠克的建議。我到處籌錢，跟理髮師借了一千法郎，甚至還跟陌生人攀談商借，所有能在巴黎籌到的錢都給我籌來了。這匹小馬艾賓納在多維（Deauville）舉行的雅柯雷大獎賽（Prix Yacoulef）初試啼聲時，我真的「押」了牠，當時牠的賭盤是五十九比十。結果牠輕輕鬆鬆贏得比賽，而往後七、八個月我就是靠著這筆贏來的錢過日子。那次我學到一個很有價值的經驗：要信任可靠的消息來源。

Sports

左頁－ 狩獵途中與非洲當
地人對打。

右頁－ 在翁庚賽馬場舉行
的越野障礙賽馬。

翁庚（Enghien）的老賽馬場一直是我最喜歡的賽馬場，氣氛輕鬆，無拘無束。最後幾次的造訪有一回是和依凡‧西普曼（Evan Shipman）結伴，她是專業的賽馬評磅員也是作家；同行的還有哈洛德‧史登斯（Harold Stearns），他以筆名「彼得‧披更」為巴黎版的《芝加哥論壇報》寫文章。哈洛德和依凡都仰賴賽馬新聞報來判斷，結果當天的比賽一場都沒贏。我則是押了八場贏六場。哈洛德似乎不太服氣我這麼厲害，問我賭贏的祕訣是什麼。「很簡單，」我告訴他：「兩場比賽之間我去圍場看看那些即將出賽的馬，聞聞牠們的氣味。事實上要知道馬會不會贏，鼻子比科學或理性判斷更準確，沒一次失誤過。」

　　我真希望自己還能有這樣的鼻子，不過我現在已無法信任自己的嗅覺了。發現我原本保證準確的鼻子開始失靈是在我和約翰‧多斯‧帕索司（John Dos Passos）去賽馬場準備贏一把過冬錢的那一天。我們兩人都靠筆耕維生，必須弄到足夠的錢過冬。我說服多斯相信我在圍場的嗅覺，兩人將身上所有的錢拿出來賭。第七場有匹馬的氣味聞起來特別對，我們將所有賭金押在牠身上，結果牠第一次跳躍就摔倒。我們輸得口袋沒剩半毛，只得從賽馬場一路走回左岸。

每天去奧代伊爾區參加秋季的越野障礙賽馬，看著布隆森林公園（Bois de Boulogne）中央翠綠色的賽馬跑道，你會感受到一種很棒的節奏，那感覺就像每天打球，而且你對賽馬跑道會逐漸瞭若指掌，不會被它們欺騙。賽馬跑道的上方有間美麗餐廳，在那裡可以享用食物並身歷其境地觀賞賽馬過程，彷彿親自下場比賽。每場比賽他們都會給你黃葡萄酒及三次的賭注賠率變化表，你可以在餐廳直接下注，不用跑上跑下，帶著在胃裡晃動還沒消化的滿肚子食物衝到投注廂。這種賭馬方式或許過於輕鬆，不過的確是緊盯比賽的絕佳方法。

那次我們住在麗池飯店，早上六點鐘，有人從奧代伊爾的騎士室打電話來提供內線消息，說有匹叫貝塔克蘭的馬會在當天第七場障礙越野賽中出賽，賠率是二十七比一。我們趕緊湊

上圖－翁庚的老賽馬場。

Sports

了一大筆法郎押在貝塔克蘭身上，不過到圍場研究牠時，我看著其他馬匹列隊走過，心想另外兩匹馬克里波和基里畢的氣味聞起來似乎比貝塔克蘭更有勝算機會。一開始貝塔克蘭遙遙領先，但在離觀眾最遠的上坡橢圓形跑道時落到第二，越過水溝障礙時又落後更多；過轉彎，順序變成基里畢領先，第二克里波，第三貝塔克蘭，而且落後的距離多達二十個馬身。在基里畢越過最後一道障礙時，克里波緊跟在後，這時，基里畢的騎師為了拿穩鞭子而鬆開韁繩，導致基里畢的前腿稍微往下掉，擦到障礙欄，步伐一亂，整匹馬跟蹌往前摔，背上的騎師及時跳開。克里波的騎師想繞過跌跤的基里畢不成，馬匹直接摔在基里畢身上，騎師重重跌在草地上，動彈不得。

遠遠落後的貝塔克蘭的騎師有足夠時間觀察前方狀況，他引導貝塔克蘭跳躍障礙欄的另一側，以五馬身之距穩穩超前，贏得勝利。我們帶著印有馬特洪峰的千元法郎紙鈔回到麗池飯店，像法國人一樣在十二月二十一日將錢用來振興法國的聖誕景氣。包裝精美的禮盒鋪滿兩張床，散落整個地板。我不曾以那麼少的錢買過這麼多東西，幸好聖誕節大家送來送去的都是沒什麼用的小禮物。

這次經驗更強化我的信念：不要懷疑騎士室所傳出來的內線消息。

在古巴這裡，若超過四十歲，打棒球時可以讓小男孩替你跑壘。我小兒子季季投球時，第一球總想往別人頭上砸。有次在臨時起意湊團的球賽中，他也這樣對我。我從地上爬起來後走向他（對了，年紀愈大，趴下閃躲的速度就會愈慢），對他說：「除了直接把球砸向老爸，你想不出更好的戰術嗎？」他看著我，像疣豬一樣凶狠地說：「你不知道在球場上沒有老爸這一回事嗎？」

太陽是最令人振奮的絕佳鬥牛士。天氣一陰，整個鬥牛場就像沒有燈光的舞台秀。而最令鬥牛士畏怯的敵人就是風。

鬥牛只有三招：parar，雙腿保持不動。templar，緩緩移動紅布。mandar，利用紅布來支配蠻牛。要看鬥牛士好不好，看這三招就夠了，不要被其他花招欺騙。

為什麼好的鬥牛士總會遇見好牛隻？

有些鬥牛士只是為了錢而幹這行，這種鬥牛士毫不足取。真正有價值的是那些從鬥牛過程中感受到悸動的鬥牛士。就算沒報酬，這種鬥牛士也會盡力表現。這道理適用於各行各業。

鬥牛是唯一讓藝術家置身生死交界的藝術，而這門藝術的精采程度取決於鬥牛士的榮譽心。

上圖－鬥牛士歐東內茲（Ordóñez），1959 年於馬德里。鬥牛士卡列里多（Calerito），1959 年於瓦倫西亞。鬥牛士多明昆（Dominguín），1959 年於瓦倫西亞。鬥牛士佩德雷思（Pedrés），1959 年。鬥牛士歐塔加（Ortega），1959 年於馬德里。1959 年海明威與鬥牛士多明昆於一場小牛試鬥會合影。

Sports

很早以前我就下定決心不再跟鬥牛士當朋友，因為哪天見到他們心生恐懼，無法掌控蠻牛，我會痛苦到難以承受。對所有鬥牛士來說，不管曾經多麼了不起，多麼年輕，終有一天會開始恐懼，無法上場鬥牛。以前見到鬥牛士朋友出現這種狀況，我也跟著一起痛苦。我實在很蠢，平白無故讓自己受這種折磨，畢竟沒人付錢要我去鬥牛，去承受這種痛苦啊，所以我發誓再也不和鬥牛士做朋友。

鬥牛士的鼠蹊部和蠻牛逼近的牛角之間，
空隙愈大，有愈多光線穿透，
鬥牛士的財富就愈增加。

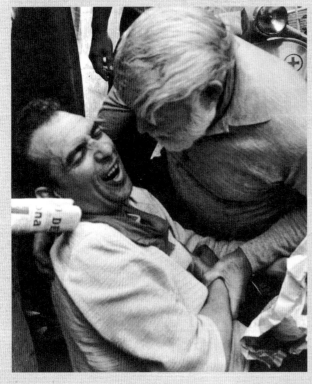

最上圖－ 海明威與瑪麗和哈奇納觀看馬德里的鬥牛比賽。

上　圖－ 在潘普隆納參加奔牛節，海明威幫助在街上奔牛而受傷
　　　　 流血的人。

右　頁－ 海明威在馬德里的鬥牛場起身接受群眾的致意。

Sports

鬥牛士後面跟著一堆沒出櫃的同性戀粉絲。

Sports

關於道德，我只知道讓你覺得舒服的事物就是道德的，覺得不舒服的事物就是不道德。根據這標準（我不會辯解這標準是否具正當性），我覺得鬥牛是非常道德的事，因為在觀賞鬥牛的過程中我覺得非常舒服，而且對生、死、不朽能萌生強烈感受。觀賞完後感覺很悲傷但也很愉快。

　　在無人協助的狀態下跟大魚快速搏鬥，自己不休息也不讓魚有機會喘息，這種過程就像在拳擊場連續打上十回合，需要有最佳體力才能應付。許多以正當手段垂釣而且技術高超的釣客，在失去大魚之際之所以這麼做，是因為大魚會拍擊反撲，而且在纏鬥尾聲大魚會決定往下潛，不斷下潛直到死去，讓釣客無法捕捉到。

左頁 – 蠻牛進入潘普隆納的奔牛場地。

右頁 – 在古巴小漁村柯希瑪（Cojímar）釣魚。

右圖－跟馬林魚搏鬥。

下圖－在度假勝地華倫迪勞（Veradero）外海，海明威站在其私人
　　　遊艇「皮拉號」上。

右頁－贏得卡斯楚盃釣魚比賽。

Sports

身為釣客的古巴領導人卡斯楚即使作弊，
也贏不到以自己為名所設立的釣魚獎盃。

好萊塢

Hollywood

如果問我，
我會說賈利‧古柏和英格麗‧褒曼
在戲裡戲外都是超級大明星。

你看過《戰地鐘聲》的電影版嗎？裡頭有一幕是男主角古柏沒脫掉外套，和女主角英格麗激烈做愛的大場面。穿著外套，在睡袋裡做愛，這種方式真是天殺的厲害。而英格麗穿著裁縫訂製的衣服，還有一頭漂亮的鬢髮，簡直兼具依莉莎白·雅頓（Elizabeth Arden）的高貴氣質與服裝品牌 Abercrombie and Fitch 的年輕氣息。

1957 年我專程去紐約觀賞職棒世界大賽的前一天，看了改編自小說《旭日依舊東升》（The Sun Also Rises）的電影《妾似朝陽又照君》。我只能說，任何電影只要有埃洛·弗林（Errol Flynn）當主角就是大敗筆。

前頁－1948 年海明威與賈利·古柏和英格麗·褒曼留影於愛達荷州太陽谷（Sun Valley）。

上圖－與女星珍·羅素（Jane Russell）攝於愛達荷州凱瓊鎮。

Hollywood

電話總機以非常興奮的聲音告訴我，二十世紀福斯電影公司的大老闆戴瑞爾·柴納克（Darryl F. Zanuck）要跟我說話。天哪，真的是他呢！「哈囉，是歐內斯特嗎？」他一拿起電話就直喚我的名，而沒正式稱呼姓氏。從這句話就可聽出他果然是好萊塢的人，而我們之所以認識，不過是因為我將小說賣給他。「歐內斯特，現在我的會議室正在開主管會議，有個問題我們搞了整天仍喬不定，這問題恐怕只有你才能解決。我們用了你那篇很棒的短篇小說〈法蘭西斯·麥康伯短暫的幸福生活〉（The Short Happy Life of Francis Macomber）拍了一部很棒的電影，現在正準備發行，不過我們覺得這名字太長，無法放入一般的電影廣告看板中。如果你能將小說名字改得更短，更加醒目，你知道的，就是讓人一見就很興奮，不分男女都能被吸引、非看不可的片名，我們會感激不盡。」我要柴納克等等，讓我想一想，然後叫酒保幫我調了杯酒慢慢喝，但也不忘三不五時拿起電話要總機別掛斷，因為我還在思考。最後，就在我認為我的AT&T 電信公司的股價已因這通昂貴電話費而上漲時，才拿起電話告訴柴納克我想到了。他說，紙筆都準備好了。我說，你希望來點簡短，又能吸引男女的顯目標題，對吧？好，那就取這幾個字母為片名．F，就是福斯（Fox）的 F；U，就是環球影城（Universal）的 U；C，就是洛杉磯影城庫佛市（Culver City）的 C；K，就是雷電華（R.K.O）電影公司的 K。這麼簡短的片名應該放得進電影看板吧，而且這個字可沒性別意涵，男女通吃喔。

上圖— 海明威與女星瑪
琳·黛德麗（Marlene
Dietrich）。

次頁— 海明威與女星洛
琳·白考兒。

我讀到有人認為我的小說《雪山盟》
和改編電影只有一點點差異：男主角沒死，而是被救活。
對方還說，你不覺得這差異真小嗎？

只有兩部改編電影能讓我坐著看完：

《殺手》（*The Killers*）和《雖有猶無》。

我想，這跟演員艾娃·嘉娜和洛琳·白考兒有很大的關係。

Hollywood

我收到電影製片大衛·賽爾茲尼克（David O. Selznick）的電報，他說他已經重拍了我的小說《戰地春夢》（A Farewell to Arms）的改編電影，而他太太珍妮佛·瓊斯（Jennifer Jones）就飾演小說裡的女主角凱薩琳·巴克利。照理說賽爾茲尼克重拍這部片不需要付錢給我，因為早在二〇年代我就將這本小說賣斷，所以重拍也拿不到費用。賽爾茲尼克發這封電報來告訴我，雖然法律上他不需要付我錢，但他已通知全世界媒體，保證這部影片若有賺錢，他會從盈餘中撥五萬美元給海明威先生。我回了賽爾茲尼克先生一封電報，告訴他，若真有奇蹟發生，讓這部由四十一歲的賽爾茲尼克太太飾演二十四歲的凱薩琳·巴克利的影片能賺到五萬美元，他應該找間當地銀行將這五萬美元全換成零錢，一個個從自己的屁眼塞入，直到它們從耳朵裡跑出來。你知道嗎，寫了一本自己鍾愛多年的書，卻親眼見它淪落到這種下場，那種感覺就像老爸的啤酒被人撒了一泡尿。

Hollywood

我唯一參與的改編電影是《老人與海》（*The Old Man and the Sea*）。除了改編劇本，我還花了幾星期和攝影團隊在祕魯外海捕馬林魚，但他們的彩色攝影機從未在適當時間捕捉到大魚上鉤的鏡頭，最後就跟其他電影一樣，以影城庫佛市水族箱的海綿橡皮假魚來代替。我看完整齣電影，啞口無言。扮演漁夫的史賓塞‧屈賽（Spencer Tracy）看起來根本是個肥闊佬。

狩獵 *Hunting*

狩獵過程中需要的是謹慎，而非擔憂。

要有好的狩獵成績，首要之務就是冷靜。

內心要很冷靜，彷彿身處教堂，信仰堅定，然後放手一搏。

我所受過的最佳獵鳥訓練來自我父親。小時候他一天只給我三個彈匣，還嚴格要求我只能射到鳥翅。他眼線很多，所以我從不敢欺騙他。

　　射殺獅子必須站在一百碼的距離外，因為獅子可以在三、四秒內往前奔馳一百碼。你必須一槍就打斷牠的骨頭。光對獅子發射子彈無法制伏牠，你必須像外科醫生一樣精準地一槍讓牠斷骨，同時得隨時提防母獅，牠會在你往她死去的丈夫靠近之際，衝過來將你撕成兩半。對你老家的親人來說，這畫面應該很難承受。

前頁－1950 年海明威於愛
　　　達荷州的海利鎮。

左頁－1948 年在威尼斯
　　　獵鴨。

右頁－ 年幼的海明威已經
　　　有自己專屬的獵槍。

81

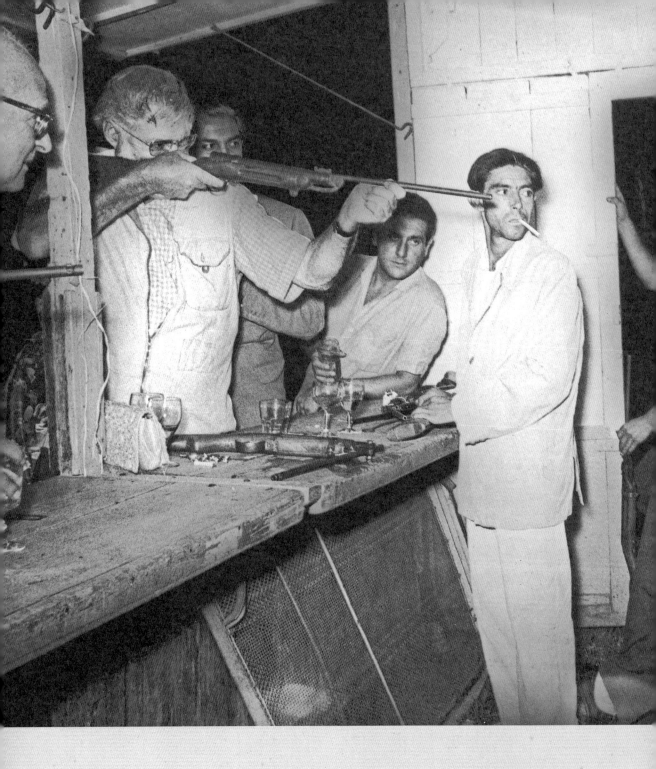

Hunting

左頁－ 準備射下鬥牛士歐東內茲嘴上的香菸。

左上－ 海明威與阿德里雅娜小姐，右邊獸頭是海明威狩獵的戰利品。

右上－ 海明威與第二任妻子寶琳 1934 年於非洲塞倫蓋堤草原（Serengeti Plain）狩獵，地上獅子是他的戰利品。

下圖－ 海明威與古巴「哈瓦納射擊俱樂部」的成員合影。

在紐約，鳥兒飛翔，
但牠們不將這飛翔的能力當成一回事，
只因為牠們無法攀升。

我有個英國朋友很想以弓箭來獵殺獅子，但專獵大型動物的歐美專業獵人一個個拒絕他，最後終於有個瑞典獵人答應帶他去。這個英國人是那種會在狩獵途中搞個移動式酒吧的人，那位瑞典人則是很優秀的獵人。他提醒英國人，弓箭恐怕無法獵殺獅子，不過他的客戶大人堅持要這麼做。他們終於成功追蹤到獅子蹤跡，瞄準，這時獅子發動攻擊，英國人上弓，從五十碼外的距離射中獅子胸膛，獅子咬斷箭，繼續往前衝，大口撕下一名土著嚮導的臀部，幸好瑞典人及時開槍撂倒獅子。英國人全身發抖地走過去看著血肉模糊的土著和躺在旁邊的死獅。瑞典人說：「嗯，客戶大人，您現在可以把弓箭丟了吧。」英國人說：「我想應該是可以了。」

Hunting

據說在美西有隻體型碩大、驕傲自負的黑熊喜歡擋在路中間，不讓車輛通過，還嚇得路人膽戰心驚，因此沒人敢走那條路。我聽說了這事，決定獨自開車上路找牠。突然，有東西出現眼前，果然是牠，一隻大黑熊。牠撐起後腿站立，上唇往後咧成譏笑表情。我下車，慢慢走向牠，以洪亮堅定的聲音對牠說：「你不知道自己不過是隻平凡可悲的黑熊嗎？哼，你這隻渾帳野獸，有什麼資格站在這裡耀武揚威，還擋路不讓汽車經過。說到底你不過是可悲的熊，而且還是隻黑熊呢，連北極熊或灰熊的價值都比不上。」我這番話挫了牠的銳氣，這隻可憐的黑熊開始低垂著頭，放下前腳，四足立地，一眨眼跑離路邊。我成功地打擊牠的自信。從那時起，每次見到車子經過，牠就會跑到樹幹後面躲起來，嚇得發抖，以為我會在車裡，準備對牠咆哮咒罵。

左圖－ 在非洲狩獵到犀牛。

次頁－1959年攝於愛達荷州凱瓊鎮。

我喜歡去動物園，但不愛週日去。
我不喜歡見到人類戲弄動物，

照理說，應該是
動物戲弄人類才對。

Hunting

Hunting

　　有天一位美東人來找我，要我幫他獵灰熊。「我妻子很想要，她整天吵著要我弄隻灰熊給她，我們剛新婚，我很想討她歡心。」我說：拜託，灰熊是所有野獸當中最難獵的，牠們凶悍無比而且非常聰明，我已經八年沒獵過灰熊了。後來，我和這對夫妻出遊打獵，我們正準備獵鹿當食物，突聞草叢傳出聲響，灰熊出現眼前，三隻體型碩大的超級大野獸。我要他妻子躲在我後面，因為我們已沒時間找掩護，那丈夫離我們有段距離，早已藏身躲好，嚇得動彈不得。如果我射得準，其中一隻會倒下，不過通常灰熊會站起來重新發動攻擊，直到被完全擊斃。正因為牠們會頑強抵抗，所以才這麼危險。離我們最近的那隻灰熊約有八百磅，牠看了我們一眼，朝我們直奔而來。我一槍打中牠脖子，牠倒臥在地，但隨即站起來，我朝牠肩膀繼續發射子彈，徹底擊斃牠。第二隻灰熊趁我裝填子彈之際發動攻擊，我朝牠近距離開槍，射光兩個彈匣，牠當場死亡。第三隻灰熊眼見同伴死亡，不願有相同下場，轉身跑上山坡，不過我還是對牠開了四槍嚇唬牠，讓牠永遠沒膽回頭。躲在我身後的這名新婚妻子走出來對我說：「我嚇得口乾舌燥，請陪我去溪邊喝水。」整個過程她只說了這麼一句。不過他們很想知道，我是否能吸引到真實世界中崇拜英勇獵人的瑪格麗特‧麥康伯。

左頁 - 跟非洲馬賽人學習使用矛和箭。

上圖 - 1932 年與獵到的懷俄明州灰熊合影。

遊歷

Exploring

義大利人非常棒，
但義大利的新聞媒體或許是全世界最糟糕的。

我曾住在巴黎的聖傑曼－阿爾巴尼旅館，
房間瓷製馬桶底部有對藍色鴛鴦。看到這對鴛鴦我就便祕。

Exploring

我經常覺得在這裡（西班牙的埃斯科里爾）好棒，彷彿置身天堂，能受到最妥善的庇佑。在這種環境下，要擔憂焦慮也難。而且，這裡讓我很有安全感，因為當地諺語說：「蓄鬍的男人絕不會餓著。」

你注意過嗎？全世界沒牙齒的人，不論講什麼語言，聽起來都很像？

我很愛非洲，感覺那兒是我另一個家。不管出生於何地，有這種感覺就代表注定要去那裡。

我喜歡炎熱天氣，不過美國的聖路易市、非洲的塞內加爾、西班牙的畢爾包和馬德里還真熱到讓人受不了。

蘇黎世的鐘聲響到會把人吵死。

前頁－ 海明威最喜歡的威尼斯街景，這是從他下榻的葛雷蒂宮飯店（Gritti Palace）的房間陽台往下望的景象。

左頁－ 從法國南部的古城艾格莫特（Aigues-Mortes）到尼姆（Nîmes）的途中，與司機阿戴莫合影。

右頁－1934 年與朋友在非洲的坦干伊加（Tanganyika）狩獵。

既有威尼斯和巴黎，何苦住在紐約或倫敦？

在巴黎唯一該順其自然的事情就是中樂透。

我發現閱讀報紙可以讓羅曼語系的所有語言（法、義、西、葡語等）學起來更容易。我會在早上看英語報，下午讀外文報。新聞內容相同，加上我已熟悉該新聞事件，所以更能看懂這些外語報。

上次去非洲，我被刺傷，傷口裡寄生了壁蝨長達四天。我試過當地所有民俗療法，包括用火燒壁蝨或將獅子大便塗在上面，全都失效，甚至用鑷子夾也搞不定。最後我們的專業狩獵嚮導菲利浦‧普西佛建議用燭蠟塗在上面，讓壁蝨窒息。於是我們在牠上面滴了一團燭蠟，果然奏效。這種療法在《黑人醫療字典》裡絕對見不到。

瑞士是個陡峭的葛爾小國，境內的上下坡段比兩旁叉路還多。坡路上矗立著一幢幢蓋成咕咕鐘造型的褐色大旅館。

Exploring

作家 *Writers*

我猜想，沙特拒領諾貝爾文學獎
是因為他清楚知道這個獎就像妓女，
它會誘惑你，帶給你無藥可醫的疾病。
我以前也知道這個真理，
但現在我得到這個妓女，讓她抓住了我。
你知道那個稱為「名聲」的妓女是誰嗎？
她是「死亡」的妹妹。

昨天晚餐時，沙特告訴我，存在主義這個辭彙是某個新聞記者捏造出來的，與他毫無干係。

　　女作家葛楚·史坦（Gertrude Stein）曾說，史考特·費茲傑羅（F. Scott Fitzgerald）的名聲與我的名聲不同。這番話讓史考特天殺的太沒安全感，認為她的意思是我的名聲比他更響亮。史考特第一次談起這事時，我告訴他，名聲這東西全是葛楚·史坦亂扯的屁話，因為我們兩個都是認真把寫作當一回事的作家，到死都會堅持寫出最好的作品，不需要去較勁名聲什麼的。不過他還是繼續說個不停。

Writers

有時真希望有人幫我捉刀寫作。

海明威曾對作家杜魯門・卡波特（Truman Capote）這麼說。

葛楚・史坦愛抱怨，她甚至以自己的牢騷來給這個世代貼標籤，但這根本狗屁不通。這世代沒出現什麼運動，也沒一群明確的虛無主義者抽著大麻菸四處遊晃找媽咪來帶領他們走出達達主義的荒野。現實世界裡有的是一群年齡相仿的人一起走過戰爭，現在開始書寫或進行創作之類的。另有一群人未曾經歷過戰爭，他們要不希望自己也經歷過，要不希望能書寫或吹噓自己沒有參與戰爭的經歷。那時我認識的人當中，根本沒人認為自己穿戴著稱為「失落一代」的絲綢衣，也沒人聽過這種標籤。事實上我們是扎實的一代，我的小說《旭日依舊東升》裡的角色或許都是悲劇人物，但全體人類就是真正的英雄。只要堅持下去就會見到勝利。

我弟弟李賽斯特（Leicester Hemingway）寫了一本關於我的書，裡頭除了其他資訊，還包括我的一些書信，他要求我准許他出版這本書。我寫信告訴他，我不喜歡見到有人出書談論在世者，尤其是以家族成員的身分來書寫其他成員，特別是我們這樣脆弱的家族：媽媽是潑婦，爸爸自殺而死。我告訴李賽斯特，若我允許他為了賺錢寫這種東西，挖出我也置身其中的不堪往事，那我就改名換姓。或許我可以花錢將他那些東西買下來，讓他沒機會發表，不過就像我告訴他的，可以靠我海明威雙手阻止的事，我不會花任何一毛錢去做。

我一直有個困擾：心血被其他作家剽竊。第二次世界大戰期間，我經常和一位相識已久的作家朋友一起旅行。我和他無話不談，就像真心對待朋友那樣。有天我們一起喝酒，我告訴他，我發現最好的空襲警報就是草原上的牛群行為。「我可以觀察牛群，然後早在你聽見敵機的聲音前就告訴你。牛隻察覺得到異狀，牠們的軀體會僵硬，不再嚼草。」幾天後我發現其他媒體特派員輪番恭喜我這位朋友，我追問是怎麼一回事，有人告訴我：「他寫了一篇牛隻對敵軍反應的精采報導，寄回所屬報社。」調查清楚後我發現，原來我這位朋友已經剽竊我的想法一段時間，還根據我打算用在報導中的資訊寫了一系列文章。「聽著，你這個混蛋，」我告訴他：「如果你敢再偷我的東西，我會殺了你。」兩天後他轉調到太平洋戰區。

身為作家，最大的傷害莫過於心血結晶被其他作家剽竊。有個「名」作家總在我寫出故事的第一時間就剽竊我的作品，他會將人物的名字、故事發生的地點稍加改變，然後以高於我的價錢賣出故事。終於，我找到方法來阻止他這種惡行。我停筆兩年，結果這王八蛋差點餓死。

可憐的福克納（William Faulkner），

他真以為非得用大辭彙才能表現大情緒？
他還以為我不懂那些一字值十美元的艱澀辭彙呢，
我當然懂，好嗎；
不過我想用的是更古老、更簡單但更好的辭彙。

Writers

滑稽模仿詩文是受挫作家的最後庇護所。只有哈佛大學的嘲諷地下刊物《哈佛妙文》（Harvard Lampoon）的編輯才會寫這種東西。文學作品愈偉大，就愈容易被惡搞成滑稽諷刺作品。要寫這種文章就從便斗上方的牆壁開始塗鴉寫起。

　　我告訴史考特·費茲傑羅，當酒鬼會讓他變得非常脆弱。我的意思是，酒鬼娶瘋婦不是有益於作家的賭金分注法。我這麼告訴他，是因為我認為點出殘酷事實可以幫助他清醒，不再酗酒；然後我又故意刺激他，說大文豪喬伊斯就是像他一樣糟糕的酒鬼，而且多數的好作家也都是酒鬼，期望他聽得懂我這番反話。身為作家，怎能對自己的悲慘遭遇傷心難過呢？你應該欣然接受，因為認真的作家必須受過傷才能嚴肅地寫出東西。若你受傷而且處理過那傷害，你該認為自己很幸運，因為現在你有題材可以寫了，而且，你必須像科學家忠於實驗一樣，忠於自己這番人生體悟。你不能欺瞞或假裝，你必須誠實地割除這種傷痛。我就是這麼告訴史考特的。我還告訴他，在他生命這階段，像他這樣傷痕累累，可以創作的產量應該是以前的兩倍，不管身邊有沒有酒精，有沒有老婆賽爾妲。我很想幫助他振作，讓他更加努力寫作，但白忙一場，徒勞無功。他怨恨我這麼說他，還為此不悅，顯然這番話一點用都沒有。

　　諾貝爾文學獎真該死！現在我每天的生活充斥著一堆信件、電話和粗魯的干擾，惹得我要發飆了！我不想在適合工作的幾個月裡被迫外出。這裡是我的家，我的工作場所，我喜歡這裡。我不是公眾人物要表演給大家看，也沒想出馬競選公職。我是個作家，我有權利工作，有權利為生存而奮鬥。但沒人會接受你的各種理由，包括你想工作不想出門，或者你有什麼病狀不適合外出。再來個混蛋，你就連一行該死的句子都寫不出來。

左頁－威廉·福克納。
右頁－史考特·費茲傑羅。
次頁－詹姆斯·喬伊斯。

我1921 年認識詹姆斯·喬伊斯（James Joyce），兩人相交直到他去世。在巴黎，他身邊總是圍繞著作家朋友和諂媚者。我們會有激烈討論，而且在討論過程中他一定會覺得自己受到侮辱。他人很好，但脾氣很臭，尤其若有人談到寫作，他就會發飆。每次他把場面搞到難以收拾，就一走了之，以為我理所當然會幫他處理那些受他情緒波及而等著被安撫的人。喬伊斯非常自傲，也非常無禮，尤其對混蛋更不留情面。他喜歡喝酒，每次喝得太晚，我送他回家，他太太諾拉來開門就會說：「喔，作家詹姆斯·喬伊斯又跟文豪歐內斯特·海明威一起買醉了。」另外，他非常怕閃電。

葛楚·史坦的《愛麗絲·托克勒斯的自傳》（*The Autobiography of Alice Toklas*）出版時，畢卡索和我非常失望，因為書裡充斥著謊言。

我反對撰寫在世作家的私人生活，反對在他們活著時對他們做心理分析。現在的文學批評根本是亂搞，不僅背離心理學大師佛洛依德和榮格的精神，而且與聯邦調查局的毛頭幹員、偷窺專欄作家，以及那種只會無的放矢的學派攪和在一起。現在每個年輕的英文教授都想從免版權的紙單中找尋黃金。想想他們見到某個作家寫滿四張橫格便條紙，發現有對象可以批評時，那種見獵而口水流淌的神情。

以前我什麼都讀得下，但現在我再也讀不進偵探推理小說，除了雷蒙·錢德勒（Raymond Chandler）之外。

在文學的拳擊場，我不會托大跟托爾斯泰同場競技。

女人 — *Women*

女人有罪惡感時，
通常會將罪惡感摑在你臉上，
來消除她們自己的罪惡感。

讓女人在床上之所以能有銷魂表現的人格特質，也會讓她無法獨立過生活；但強悍的女人不會如此。強悍女人喜歡獨居，即使跟男人生活在一起，她們也像獨居。

　　天知道我對女人可沒有特定的看法，不過我清楚知道，對她們來說小事遠比大事更重要。跟她們相處的重點就在於平衡。性愛太少，會被指控忽視女性；太強調，又變成滿腦子都是性。天哪，男人應該隨時改變對女人心情的解讀，就像每次賽馬前，得先將黃葡萄酒灌下肚。不過別因此去找不麻煩的女人，這種女人會讓你無聊到死。

關於女人，我學到最有建設性的態度就是，
不管她變得怎樣，
你應該只記得她心情最佳的那一天。

前頁－ 與女星艾娃·嘉納、
　　　 鬥牛士多明昆、
　　　 第四任妻子瑪麗
　　　 等人在西班牙觀
　　　 賞一場小牛試鬥
　　　 會時共進午餐。

上圖－ 瑪麗；陪瑪麗購物；
　　　 1960 年與瑪麗在
　　　 古巴的瞭望田莊。

右頁－ 與瑪麗在自家瞭望
　　　 田莊散步。

Women

左頁 - 海明威與第一任妻子海德莉·理查森（Hadley Richardson）結婚，他的母親、海德莉的姊姊一起合影。

右頁 - 1927年與第二任妻子寶琳在西班牙聖塞巴斯蒂安（San Sebastián）；海德莉；1918年的寶琳·菲佛（Pauline Pfeiffer）擔任 Vogue 雜誌撰文作者。

布蕾特（指《旭日依舊東升》的女主角布蕾特·艾胥利夫人）在新墨西哥州過世了。或者，你也可以用我創作這角色的靈感來源「達芙·特懷斯登夫人」來稱呼她；不過，我還是只會把她想成布蕾特。她死於結核病，才四十三歲啊。葬禮的抬棺者全是她生前的情人。在教堂舉行完告別式要抬棺離開時，其中一位過於悲傷的抬棺者在教堂階梯上失足跌跤，棺柩掉到地上裂開。

Women

這些古巴女孩啊，你望進她們深色雙眸，會見到裡頭火辣的陽光。

我的多段婚姻中只有一段讓我後悔。我記得那天拿到結婚證書後，我從核發證書的單位走到對街的酒吧喝酒。酒保問我：「先生，要喝什麼？」我回答：「來杯有毒的蔬果汁吧。」

我認為最棒的夜總會就是「騎師」（Le Jockey）。那裡有最棒的樂團、最棒的飲料、最棒的客人，連全世界最美的女人也在那裡出沒。有天晚上，一位從未有人見過（之後也不曾見過）的美麗女子走進來，整個夜總會立刻著火般地欲火蔓延。她身材高䠷，肌膚呈咖啡色、明眸如黑檀、一雙腿美到讓人宛如置身天堂。她展顏一笑，其他人的笑容黯然失色。那天晚上非常炎熱，她卻穿著一件黑色的毛皮大衣，胸脯裹著毛皮的姿態彷彿披著絲綢。陪她來的是一位高大的英國防砲中尉，她跟那英國人共舞，眼神卻瞄向我。我像被催眠般地不自主回應，深深鎖著她的目光。中尉想以肩膀隔開我的目光，不過女孩從他身邊滑開，朝我而來，那身皮毛底下的一切訊息也立刻傳遞過來。我先自我介紹，然後詢問她芳名。「約瑟芬·貝克。」她說。我們整晚共舞，直到曲終人散。她沒脫下外套，但夜總會關門前她終於讓我看她大衣底下：空無衣物。

生 活

Life

我真幸運,生活過得優游自在。

人變老，就愈難有崇拜的英雄，但也更需要有英雄讓自己崇拜。

我的道德觀是：該發動攻擊時才出手，而且絕不拋下被我弄傷的人，除非確定對方能得到舒適的庇護。

愛比恨更持久。

前頁－ 在西班牙丘里亞納
小鎮。

上圖－ 從愛達荷州凱瓊鎮
前往西礁島途中，
1959 年。

Life

<big>我</big>年輕時，從未想過結婚，不過一旦結了，沒有妻子就活不下去。孩子也是。我從未想要有孩子，但真的有了，就無法失去他們。要當個成功的父親，有個不容質疑的原則：有小孩的頭兩年，千萬別去想自己有孩子了。

　　人的一生只有幾樣事物讓人真正鍾愛。拋棄物質面，我就可以確定自己不會把情感浪費在我無法真正鍾愛的事物上。

　　你見過我帶著不甘願的心情離開某地方嗎？

上圖－海明威在古巴撰寫《戰地鐘聲》。1928 年與兒子邦比在巴黎。

次頁－1959 年 7 月 21 日海明威六十歲生日，與親友在西班牙馬拉加相聚午餐。

勇氣是個人良心的事，無關乎別人的評價。

1947年，我為了大齋期放棄喝昂貴的美酒，
之後就不曾拿起佳釀。
更早之前也戒了菸，因為香菸是鼻子的最大敵人。

若你無法嗅聞氣味，
怎能品嘗醇酒？

《旭日依舊東升》出版後隔天，我收到一起打拳擊的朋友哈洛德‧洛伯（Harold Loeb）的傳話，他說他見到我會當場殺了我，因為我這部小說裡的男主角羅勃特‧科恩就是以他為範本。我發了封電報給他，大意是往後三天我每晚都會在「牆洞」酒吧（Le Trou dans le Mur），他大可輕而易舉找到我。我選擇這家酒吧是因為裡頭四面牆都有鏡子，就算坐在後面雅座裡，也能看見推門而入的人及他們的一舉一動。我在那裡等了三天，就是不見哈洛德出現。一個禮拜後，我在聖日耳曼大道的「里普餐館」吃晚餐，那裡的牆面也裝滿鏡子。這時我見到哈洛德走進來，立刻趨前伸手打招呼，他很自然地跟我握手，但隨即想起我們是不共戴天的仇人，立刻將手抽開放到背後。我邀請他喝一杯，他拒絕。「打死都不。」他就是這麼說的。「好吧，」我走回自己位置，說：「那你就自己喝吧。」他離開餐館，我們之間的恩怨就此結束。可憐的哈洛德之所以這麼沒用，是因為他雖貴為美國著名企業鉅子暨慈善家古根漢（Guggenheim）家族的成員，但他的意見從未被家族採納過，一次都沒有。難怪他會斷然拒絕我。

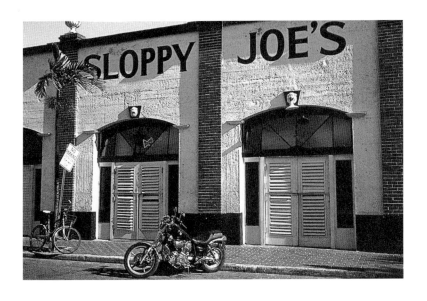

我認識一個西班牙巴斯克地區的人，他是個信件捉刀者，產量甚豐。每封信的結尾都是同樣一句話：「寄錢來。」

我不喜歡去別人家，因為我不信任別人提供的食物和飲料。上次接受晚餐邀約是在一年前，主人拿出甜膩的香檳，我基於禮貌非喝不可，結果花了十天才把那東西從體內徹底排出。

我曾經是「邋遢喬」酒吧（Sloppy Joe's）的合夥人，他們稱我為「沉默的股東」。我們在酒吧後面設賭場，這才是酒吧的真正收入來源。不過要找到好的籌碼兌換員實非易事，而且若他真的過於優秀，你就無法監視他，雖然你明知他會從你這裡偷錢。經營任何賭場，包括我們這間，最大的開銷就是警察保護費。我們花了七千五百美元找了一個警官撐腰，結果他在第二年突然悔改向善，背叛我們，抄了我們的店。不過我們也讓他丟了差事。

我是蓄著鬍子，不過你若近看就會知道我不是聖誕老人。

飲酒本身就是趣味，不應該為了釋放什麼東西而醉。若飲酒變成一種釋放解脫（以酒精來釋放機械性生活的壓力除外，因為所有人都經常這麼做），那麼，我想你會變成酒鬼。但我可不是第一個對你丟石頭的人。

我一生曾醉過一千五百四十七次，但沒一次是在早上。

你可以告訴我如何寫作、射擊或做愛，但不能告訴我如何駛入避風港。

狀況順利時我可以駕馭得很好，即便狀況很糟，你也可以指望我會表現得比輕鬆的狀況下更佳，雖然過程略帶瑕疵。

我們站在那裡，看著「哈薇蘭號」飛機燒毀。這時我從科學角度做了一些紀錄，或許這些紀錄會吸引那些研究酒精神祕學的學生。一開始我聽到四聲小小的「砰」，以為這聲音來自機上那四瓶嘉士伯啤酒。後來又一聲更大的「砰」，我將這聲音歸咎於麥尼士蘇格蘭威士忌。至於後來那更響亮的聲音則是來自一瓶未開封但有金屬瓶蓋的哥頓琴酒。那瓶麥尼士威士忌以軟木塞套住，而且也喝掉半瓶。但哥頓琴酒發出的聲音才真正洪亮。

他們只會減緩我的速度，無法阻止我。想要阻止我得從膝蓋以下砍斷我兩條腿，將我釘在柱子上，不過就算那樣，我搞不好還能靠著反射動作來反抗。

我從第二架（墜毀在非洲的）飛機地板爬起身，
全身虛脫力盡。後門凹陷卡住。
我的右手和右肩脫臼，只得靠左肩和頭去撞，
幸好衝撞空間足夠，終於順利撞開後門。
飛機駕駛羅伊·馬許和瑪麗小姐在前面。
我朝他喊：「我這裡的門開了，瑪麗小姐還好嗎？」
我很高興見到愛妻毫髮無傷，手裡還拎著小化妝箱。

女人就算身處危險也不忘首飾珠寶。

我和畫家米羅是好友，那時我們認真工作，卻賣不出作品。我寫的故事經常連同退稿通知函一起寄回來，而他的畫室則堆滿賣不出去的畫作。其中有幅畫我非常喜愛，畫中描繪的是南部的農田景色。這幅畫令我念念不忘，雖然我身無分文，還是很想擁有它。既然我們是好友，我不想占他便宜，堅持要透過畫商來交易。我們把這幅畫給了畫商。畫商知道已有買家，竟然在畫上標示兩百元的高價，我只好分成六期來購買。畫商要我簽下動產貸款書，也就是說若有任何一期付不出來，我除了拿不到那幅畫，也拿不回已繳的所有費用。我省吃儉用，終於付到最後一期，但這時還沒賣出任何小說或文章，戶頭已沒半毛法郎。我請求畫商寬限我一些時間，不過，他當然會選擇擁有我之前繳交的所有錢和那幅畫。

就在這時，丁香園咖啡館（La Closerie des Lilas）助了我一臂之力。繳款日那天，我悶悶不樂去到那裡，酒保問我怎麼了，我把買畫的事情告訴他。他悄悄地在侍者當中傳紙條，大家從自己口袋掏錢幫我湊足這筆錢。

左頁 - 盧森堡花園的鴿子。海明威最喜歡的咖啡館「丁香園」。

右頁 - 巴黎的盧森堡花園。海明威喜歡在這家咖啡館寫作。

Life

我很喜歡盧森堡花園（Jardin du Luxembourg），因為它讓我們父子免於挨餓。在那段晚餐經常沒著落的日子裡，我會將一歲大的兒子邦比放進嬰兒推車，將他推到這座花園。那裡有警衛看守，不過我知道大約下午四點左右他會去公園對面的酒吧喝小酒。這時我就帶著小邦比先生出現，手裡拿著一袋餵鴿的穀粒。我坐在長椅上，假裝是推著嬰兒車的愛鴿人士，實則要觀察哪隻鴿子的雙眼較澄亮，肉質較豐腴。盧森堡花園的鴿子素以品種優良聞名，一旦選定對象，接下來就小事一樁。只要用穀粒將獵物引來，一把抓住，扭斷脖子，然後塞進小邦比先生的毯子底下就成了。那個冬季吃鴿子吃到有點膩，不過至少有牠們填飽我們好幾日的空腹。

　　我無法分辨猶太人和非猶太人，因為我看不出猶太人和其他人有何不同。

我想不出有什麼花錢方式比花在香檳上更好。

以前，巴黎多努路的紐約酒吧是當地少數的好酒吧。有個曾當過拳擊手的客人會帶寵物小獅來這裡。他會站在吧台前，獅子會跟在旁邊。那隻獅子很乖，不亂吼亂叫，不過動物就是動物，偶爾會在地上拉屎。這當然影響到生意，但客氣有禮的店主哈利只是請那位前拳擊手以後別再帶獅子來。隔天，他又帶著獅子進酒吧，牠又在地上拉屎，客人一哄而散，哈利還是客氣地拜託他別再帶獅子來。第三天，故態復萌。我心想，再這樣下去可憐的哈利大概別想做生意了。於是，獅子開始拉屎，我就走過去揪起前拳擊手（這傢伙應該屬於次中量級），將他扔到外頭街上，然後回店裡抓住獅子的鬃毛，將牠拖出去。被丟到人行道的小獅看了我一眼，沒吭半點聲音。

男人無法接受被打敗。

男人可以被摧毀，但不能被擊敗。

史考特·費茲傑羅來找我，還帶著他的小女兒史蔻蒂。那次他如往常投宿在麗池飯店。我們正在聊天，史蔻蒂說她想尿尿。我告訴她廁所就在樓下，但費茲傑羅告訴女兒樓下太遠了，直接尿在走廊。門房發現有水滴沿著樓梯往下流，上樓查看，然後非常客氣地告訴費茲傑羅：「先生，令嬡若能使用廁所，應該會比較舒服些。」費茲傑羅勃然大怒，說：「死門房，滾回你的狗房間，不然我把你的頭塞進廁所裡。」他回我房間後，開始撕扯牆上那些已脫落的舊壁紙。我求他別這麼做，因為我正積欠房租呢，但他整個人失控，根本不聽勸。果然，房東要我支付整間房子的壁紙修繕費用。費茲傑羅是我的朋友，有時候念在友誼的份上，你得忍受很多事情。

我喜歡各種音樂，歌劇也中意，但實在沒音樂天分，連唱歌都不行。我有一對能欣賞音樂的該死耳朵，但不會演奏任何樂器，甚至不會彈鋼琴。我母親曾讓我休學一年去學大提琴，但那時我比較喜歡到戶外踢足球、呼吸新鮮空氣。她則希望家裡能有樂音繚繞。

紀律比靈感更令人嚮往。

如果你預期失敗，就真的會失敗。當然，你應該想到失敗的後果而擬好脫身計畫，若沒這麼想就太不智了；但你不應該預期自己會失敗。我這麼說不是要你以為我不曾畏怯，而是要你知道，若你不掌控自己的恐懼，就不可能發動攻擊。

風格不過是一個無聊的概念，所謂的風格只是讓事情以該有的方式完成罷了。事實上，完成事情的方式正確且具美感，只不過是偶發附帶的結果。

我覺得日子不順時，會找個地方讓自己獨處，消除心靈的多餘脂肪，就像拳擊手會上山去運動、鍛鍊，燃燒身體的脂肪。獨處和孤獨是兩碼子事。我獨處但不感到孤獨。

左頁－1949 年海明威造訪法國尼姆的羅馬競技場。

右頁－1933 年海明威在美國懷俄明州。

誰說兩難只有兩隻角？說這話的人所面對的一定是還沒發展成熟的小兩難。真正的兩難一定有八到十對角，你一見到它，它就會衝過來戳死你；反之亦然。

溫莎公爵伉儷來古巴拜訪我們，不過他們似乎只對我屋子脫落的灰泥感到興趣。

我不想成為藝評家，我只想欣賞畫，享受它帶給我的快樂，並從中有所學習。

我認為身體和心智是緊密協調的。身體的肥胖會導致心智的臃腫。我很想說，靈魂也會因此變得痴肥，但我對靈魂完全不懂。

絕不要對那些除你自己之外會開口說話的動物下賭注。

我從偉大的鬥牛士貝爾蒙岱（Belmonte）那裡聽到一句很棒的西班牙古諺：

有耐心和唾涎，大象也能被螞蟻吞入肚。

我們應該精心安排美好時光，而非依賴不確定的機會來獲得。

Life

左頁 - 在古巴家中逗弄名
　　　為「波伊西」的
　　　貓咪。

右頁 - 攝於凱瓊鎮住家
　　　門口。

別把移動和行動相混淆。

　　事物在夜晚的樣子與在白天的模樣不同，但我無法解釋造成差異的原因是什麼，因為那些屬於夜晚的東西在白晝會消失，尤其對深陷孤獨的寂寞人來說更是如此。

　　法國畫家馬奈（Manet）可以將人類幻想破滅之前那依然純真美好的面貌呈現出來。

　　在無害的前提下，可以迂迴著來。

　　憤怒和慈悲相去不遠，只要能把怒氣發洩完，接著而來的就會是仁慈。

當名氣變成昭彰的惡名，就很可悲了。

驕傲是一種值得擁有的特質，可以讓人免於墮落；反之則不然。

真正的友誼必須懂得寬恕，不過任何友誼都禁不起任意欺騙。

即便老矣，我仍會因乍現的黃色水仙花和短篇故事而讚歎不已。

猶豫不決的程度隨年齡增長的冒險比率而增加。

太有自我意識，就會以自我為中心，而後變得自私、勢利眼、矯揉造作、自命不凡、炫耀傲慢、一無是處。

我從未信任要付錢去看的醫生。

Life

有句西班牙古諺說：埃斯科里爾外的風吹不熄蠟燭，卻能致人於死。

　　有時我會在夢中書寫，寫出真正的句子。這時我會把自己喚醒，趕緊將夢裡的句子寫下來，否則一夢完就會忘記。

　　人該知道如何脫離困境，或者，亮出底牌，使出殺手鐧。

　　別人說話時要專心聆聽，多數人從未好好聆聽過。

　　摩托車沒問題，但騎上碎石路才知道問題大不大。

如果我老了，
我要當那種不乏味的睿智老人。

我要見到所有新生代的拳擊手、新馬匹、新芭蕾舞、新貴婦、新鬥牛士、
新畫家、新飛機、在咖啡館流連的新人物、國際級的大蕩婦、新餐館、
陳年醇酒，而且*毋須*針對這些新鮮事物書寫任一行字。

此外，我也希望能享受性愛直到八十五歲。

每年聖誕節我會將所有禮物送出去,因為我相信唯有送出禮物,你才能擁有那個東西。

出現在我生命中的朝陽我都親眼目睹過了。

我實在天殺的厭煩自己說話的語氣和聲音,有時會發明一些方式讓我聽起來不像我自己。有時省略名詞,偶爾省略動詞,某些時候則將該死的某些句子刪除。身為作家的我,該寫的字一個都不能漏,但一寫完書,我就會去紐約度假找朋友,將責任拋到腦後,開心一下,隨心所欲,想怎麼說話就怎麼說話。

如果你夠幸運,年輕時能住在巴黎,那麼往後一生不管去到那裡,巴黎都會留駐你心裡,因為它是一場流動的饗宴。

前頁 - 在西班牙潘普隆納的伊拉堤河畔（Irati River），1957 年。

上圖 - 這隻熊不是海明威獵殺的。

Life

所有真正邪惡的事物都來自於純真。

清醒時要去做酒醉時說要做的事，如此一來你就會懂得閉上嘴巴，不亂說話。

聰明人有時得強迫自己喝醉，以便能跟蠢人相處。

我從十五歲起開始喝酒，很少東西能比酒精帶給我更大的愉悅。腦袋辛苦工作了一整天，又想到明天得繼續工作，這時有什麼能像威士忌讓你轉換思緒、乘著截然不同的飛機馳騁天際？當你又溼又冷，有什麼東西能溫暖你？著手幹活前，有誰的話語比蘭姆酒更能帶給你瞬間的幸福感覺？酒精對你無益的唯二時刻，就是在你要開始寫作或上場打拳時。做這兩件事都必須冷靜。不過在狩獵射擊時，酒精卻總能幫助我。現代人的生活也經常處於機械性的壓力中，而酒精正是唯一的機械性紓壓法。

現實世界會打擊每個人，但打擊之後有些人能從挫敗處站起來，變得更強壯。

對抗謊言的最好武器就是真話，但若是流言蜚語就沒有武器可以對付。

就我所知，智者的快樂是世上最罕見的東西。

每次賭輪盤，一旦大贏我就立刻住手。

有些人會激勵我嚴肅看待生命。
但我若真的這麼做，可能會讓許多人勒頸自戕。

133

死亡

Death

世界如此美好，值得為它奮鬥活下去，
我真不想離開這裡。

有人問我，我死前是否會有什麼遺憾。對於想活下去的人來說，談遺憾過於奢侈。忘掉那些好聽的鬼話吧：勇氣，尊嚴，悔恨。帶種，這是想死得其時死得其所，唯一需要的東西。帶種。

我曾做過心理分析嗎？當然做過。可攜式的可洛納三號打字機，就是我的心理分析師。我告訴你，即使我不相信心理分析，我也花了他媽的大把時間來獵殺動物和捕魚，免得我斃了自己。像我這樣反抗死亡的人，會借用神的屬性來主宰他物命運，給予他物死亡，從這種行徑當中獲得快感。

所有的故事都以死亡為終結。隱瞞這個真相的人，不會是真正的說書者。

真正的好人才會在臨終時彰顯出生命意義。

我想另外取個死亡時的名字。何必要以自己的本名來經歷死亡？我用本名寫作，但可不想死在本名之下。我要以史帝夫‧凱雀爾來作為死亡時的名字，用這個名字如何？

死亡的恐懼程度與財富增加的程度呈正比，這是我海明威觀察到的死亡定律。

若能重新出生，自己選擇，我希望當個摩門教徒。

左頁-1955 年攝於墨西哥
華雷斯市（Juárez）。

右頁-1958 年攝於西班
牙埃斯科里爾。

死亡只是另一種妓女。

　　有人強調我這輩子都在追尋死亡。如果你這輩子殫精竭慮地逃避死亡，但另一方面又不與她爭辯，以該有的態度來研究她，那麼，美麗的死妓就可以毫不費力地讓你永遠沉睡。表面看來你可以說你研究過她，但事實上你從未追尋過她。因為你知道，若追尋她，你就會擁有她，而根據她的名聲你知道，若擁有她，她會帶給你無藥可救的疾病。持續追尋死亡的代價是如此沉重啊。

　　如果你不再夠資格，不再有人提起，又耗盡了所有想像力，那該怎麼辦？嘗過冠軍滋味的人無法像其他人一樣退休。到底作家要如何才能退休？社會大眾不會允許他退下來的。人若失去其存在的核心價值，就不復存在。退休？這是最齷齪的字眼，代表回到墳墓去。若我無法以自己的方式活著，就不可能存在。我都是這樣活著，而且也必須如此活著，否則，生不如死。

　　我總是在巴黎的麗池飯店夢見死後的天堂。有個美好的夏夜，我在飯店附屬的卡邦酒吧喝了幾杯馬丁尼，然後坐在小花園一棵盛開的栗樹下，吃了一頓很棒的晚餐。這個小花園面對著飯店附屬的燒烤餐廳。喝了幾杯白蘭地後，我踱步回房，鑽入麗池飯店舒適的大床。這飯店裡的床全是銅床。床頭有個如齊柏林飛船形狀的長枕，還有四個填充著真羽絨的方形枕頭。兩個給我，兩個給我很棒的伴侶。

Death

所有人的生命都以同樣的方式結束，
唯有活著與死亡過程的細節讓每個人的存在有所差異。

致謝

感謝約翰‧甘迺迪圖書館的海明威資料館，尤其是影像收藏館的人員，感謝他們親切熱誠的協助。也感謝美國國會圖書館的工作人員，提供館內收藏的數百幅海明威照片。感謝艾比蓋爾‧霍爾斯丁（Abigail Holstein），他以無比的耐心和令人敬佩的編輯能力幫忙完成這本書。我要特別感謝傑克‧海明威，他在臨終前要我出版這本書，以紀念他父親的智慧。

關於 A. E. 哈奇納

哈奇納（A. E. Hotchner）出生並成長於聖路易市，並於該市取得法律學士學位，而後於華盛頓大學取得法律博士學位。執業兩年後加入美國空軍的反潛司令部，四年後晉升為少校。哈奇納先生退役後並未返回聖路易市繼續從事法律相關工作，而是落腳於紐約擔任自由撰稿人，替多家知名報刊寫過三百多篇文章及短篇故事，其中包括《紳士》（Esquire）雜誌、《週六晚間郵報》（The Saturday Evening Post）、《紐約時報》以及《讀者文摘》。在電視黃金期時期，《劇場九十》（Playhouse 90）的單元劇廣受歡迎那段期間，他替該節目撰寫了許多傑出劇本，包括改編海明威的《雪山盟》、《殺手》、《第五縱隊》（The Fifth Column）等，其中《一個年輕人的冒險》（Adventures of a Young Man）這齣劇的男主角就是保羅・紐曼。

　　哈奇納在其著作《海明威老爹》中記述了他與海明威之間的長年友誼，這本備受好評的暢銷書在三十四個國家，以二十八種語言出版。哈奇納先生也幫美國影星暨歌手桃樂絲黛及義大利女星蘇菲亞羅蘭寫過傳記，並成轟動暢銷之作。哈奇納的兩本著作《住在麗池飯店的男人》（The Man Who Lived at the Ritz）和《尋找奇蹟》（Looking for Miracles）被改編為電視劇，而其居住於聖路易市期間的童年回憶錄《山丘之王》（King of the Hill）被改編為電影。哈奇納的作品還包括描述 1960 年代與滾石樂團的《驚豔》（Blown Away）、描述 1803 年美國向法國購買領土的歷史小說《路易斯安那購地》（Louisiana Purchase）、描述自己在第二次世界大戰的回憶錄《我開除亞倫・賴德的那一天》（The Day I Fired Alan Ladd），以及《大家

都到依蓮的店》(*Everyone Comes to Elaine's*)、《親愛的老爹、親愛的哈奇納》(*Dear Papa, Dear Hotch*) 以及《哈奇納的童年回憶錄》(*The Boyhood Memoirs of A. E. Hotchner*) 等。

　　哈奇納也替劇院撰寫劇本，他的劇作《白宮》(*The White House*) 由海倫‧海絲主演，曾在百老匯上演，1996 年更在白宮東廂為當時總統柯林頓夫婦與其他貴賓演出。1993 年，哈奇納與作曲大師賽‧寇曼 (Cy Coleman) 聯手合作的歌舞劇《歡迎來到俱樂部》(*Welcome to the Club*) 於百老匯演出。其他劇作包括洛‧史泰格 (Rod Steiger) 主演的《曇花一現之快樂人生》(*A Short Happy Life*)、蓋瑞‧梅里爾 (Gary Merrill) 主演的《英雄海明威》(*The Hemingway Hero*)、凱爾‧杜萊 (Keir Dullea) 主演的《甜蜜的王子》(*Sweet Prince*)。另外，他與作曲家賽‧寇曼合作的《就是喜歡你》(*Exactly Like You*)，1999 年在紐約的「約克劇場」(York Theatre) 演出。

　　除了寫作，哈奇納和多年好友保羅‧紐曼無心插柳的合作事業也成為全美最讓人稱奇的成功故事。保羅‧紐曼首次擔綱主角的成名作《拳擊手》(*The Battler*) 就是哈奇納的第一齣電視劇本。兩人合作的「紐曼私房」(Newman's Own) 食品公司每年有數百萬美元的利潤，悉數捐給眾多值得贊助的慈善團體，其中包括他們成立於康乃迪克州，專門幫助癌童及重症病童的遊樂營地「牆上窟窿幫」(The Hole in the Wall Gang Camp)；另外，在佛羅里達州、紐約州、加州和北加州，以及法國、愛爾蘭、以色列、義大利、匈牙利和非洲都有的「牆上窟窿幫」姊妹營地，他們也都有贊助。

國家圖書館出版品預行編目資料

海明威的十個關鍵詞 /
A.E.哈奇納（A. E. Hotchner）著 ; 郭寶蓮 譯
-- 初版. -- 臺北市 : 麥田出版 :
家庭傳媒城邦分公司發行, 2012.02
　面 ；　公分. -- （讀趣味 ; 3）
譯自 : The good life according to Hemingway
ISBN 978-986-173-713-3（平裝）

1. 海明威（Hemingway, Ernest, 1899-1961）
2. 格言
192.8　　　　　　　　　100024900

圖片來源
P98 　葛楚・史坦與愛麗絲・托克勒斯－ Granger Collection
P100 ～ 101 　威廉・福克納與史考特・費茲傑羅－ The Library of Congress
P102 　詹姆斯・喬伊斯－ Hulton Archive / Getty Images

感謝以下各單位給予圖片再製許可
The Hemingway Collection at the John F. Kennedy Library, Boston
The Hemingway Collection at the Library of Congress
Oak Park Historical Society
The Photographers Cano and Roberto Sotolongo

THE GOOD LIFE ACCORDING TO HEMINGWAY by A. E. Hotchner

Copyright © 2008 by A. E. Hotchner. Complex Chinese Translation copyright © 2012

By Rye Field Publications, a division of Cite Publishing Ltd. Published by arrangement with HarperCollins Publishers, USA

Through Bardon-Chinese Media Agency 博達著作代理有限公司

作　　　者　A. E. 哈奇納
譯　　　者　郭寶蓮
責 任 編 輯　巫維珍
特 約 編 輯　曾淑芳
封 面 設 計　黃暐鵬
內 文 設 計　江孟達

副 總 編 輯　陳瀅如
編 輯 總 監　劉麗真
總 經 理　陳逸瑛
發 行 人　涂玉雲
出　　　版　麥田出版
　　　　　　地址：10483 台北市中山區民生東路二段 141 號 5 樓
　　　　　　電話：(02)2500-7696
　　　　　　傳真：(02)2500-1967
發　　　行　英屬蓋曼群島商家庭傳媒股份有限公司城邦分公司
　　　　　　地址：10483 台北市中山區民生東路二段 141 號 11 樓
　　　　　　網址：http://www.cite.com.tw
　　　　　　客服專線：(02)2500-7718 ｜ 2500-7719
　　　　　　24 小時傳真專線：(02)2500-1990 ｜ 2500-1991
　　　　　　服務時間：週一至週五 09:30-12:00 ｜ 13:30-17:00
　　　　　　劃撥帳號：19863813　　戶名：書虫股份有限公司
　　　　　　讀者服務信箱：service@readingclub.com.tw
香 港 發 行 所　城邦（香港）出版集團有限公司
　　　　　　地址：香港灣仔駱克道 193 號東超商業中心 1 樓
　　　　　　電話：+852-2508-6231
　　　　　　傳真：+852-2578-9337
　　　　　　電郵：hkcite@biznetvigator.com
馬 新 發 行 所　城邦（馬新）出版集團【Cite(M) Sdn. Bhd. (458372U)】
　　　　　　地址：11, Jalan 30D/146, Desa Tasik, Sungai Besi,
　　　　　　57000 Kuala Lumpur, Malaysia.
　　　　　　電話：+603-9056-3833
　　　　　　傳真：+603-9056-2833
麥 田 部 落 格　http:// ryefield.pixnet.net

印　　　刷　前進彩藝有限公司
初　　　版　2012 年 2 月

售　　　價　280 元
I S B N　　978-986-173-713-3

Printed in Taiwan.
本書若有缺頁、破損、裝訂錯誤，請寄回更換。

海明威的十個關鍵詞　✦讀趣味
THE GOOD LIFE
ACCORDING TO HEMINGWAY